基于准市场组织的
项目跨组织合作
创新行为研究

彭新艳 周国华 ◎ 著

中国财经出版传媒集团

经济科学出版社
Economic Science Press

图书在版编目（CIP）数据

基于准市场组织的项目跨组织合作创新行为研究/彭新艳，周国华著．—北京：经济科学出版社，2019.9
ISBN 978 - 7 - 5218 - 0870 - 4

Ⅰ.①基…　Ⅱ.①彭…②周…　Ⅲ.①项目管理 - 组织管理学 - 研究　Ⅳ.①F224.5

中国版本图书馆 CIP 数据核字（2019）第 192436 号

责任编辑：申先菊　赵　悦
责任校对：齐　杰
版式设计：齐　杰
责任印制：邱　天

基于准市场组织的项目跨组织合作创新行为研究
彭新艳　周国华　著
经济科学出版社出版、发行　新华书店经销
社址：北京市海淀区阜成路甲 28 号　邮编：100142
总编部电话：010 - 88191217　发行部电话：010 - 88191522
网址：www. esp. com. cn
电子邮件：esp@ esp. com. cn
天猫网店：经济科学出版社旗舰店
网址：http://jjkxcbs. tmall. com
北京季蜂印刷有限公司印装
710 × 1000　16 开　11.5 印张　150000 字
2019 年 9 月第 1 版　2019 年 9 月第 1 次印刷
ISBN 978 - 7 - 5218 - 0870 - 4　定价：86.00 元
（图书出现印装问题，本社负责调换。电话：010 - 88191510）
（版权所有　侵权必究　打击盗版　举报热线：010 - 88191661
QQ：2242791300　营销中心电话：010 - 88191537
电子邮箱：dbts@ esp. com. cn）

前言

　　业主委托多个具有不同知识、技术、资源等的企业承担各项工程作业已成为大型复杂项目实施的主旋律。项目的效益，甚至是项目的成败与各工程承包商的行为，尤其是创新行为息息相关。经济转型期，具有准市场特征的项目组织结构在我国大型复杂项目建设中广泛存在，这将在很大程度上对工程承包商的合作创新行为的选择造成影响。如何对项目准市场组织成员进行有效的管理就成为了摆在项目管理者面前的重要问题。因此，本书对不同纽带联结的准市场组织进行分析，对准市场组织下工程承包商的合作创新行为进行研究，为项目管理者如何提高项目团队合作创新绩效提供理论支撑和政策建议就十分的重要和必要。

　　首先，分析我国大型复杂项目组织结构具有准市场特征的现实性，以及可能面临的管理问题，进而提出本书研究的必要性、理论价值和现实意义，确定本书研究的目标、内容、方法和技术路线，并介绍相关基础理论和方法论。

　　其次，分析经济转型时期我国大型复杂项目的准市场组织结构，探讨不同纽带联结的准市场组织下工程承包商合作创新行为产生的条件，以及业主相应的激励要点，据此提出相关理论命题，构建起后续研究的理论分析框架。

再次，应用演化博弈的理论和方法，研究具有亲缘关系的项目业主和工程承包商之间的合作创新机制。一是基于对亲缘关系、信任关系，创新风险、技术溢出的考虑，构建工程承包商合作创新的复制动态模型进行分析，并通过数值模拟对理论分析结果进行检验。研究结果显示，较强的亲缘利他偏好和良好的信任关系，对工程承包商的合作创新行为、对超额收益分配的激励效果具有促进作用；较高的溢出损失和创新风险，对工程承包商的合作创新行为、对超额收益分配的激励效果具有阻碍作用。二是进一步运用 Netogo 软件进行多代理仿真，对不同超额收益分配系数和不同补贴系数下亲缘工程承包商的行为演化及业主的收益演化进行探讨。研究结果表明，超额收益分配是促进工程承包商合作创新，提高业主收益的有效措施；在考虑亲缘关系的情况下，业主补贴能够在一定程度上提高超额收益分配机制的激励效果，但在不合理的分配系数下，业主补贴的激励作用可能失效；溢出效应较大时，业主补贴对工程承包商创新投入的促进作用更大，合理的补贴系数可随着溢出效应系数的增大而相对减小。

最后，针对经济转型时期，业主同时从内、外部市场选择工程承包商参与项目建设所构成的项目准市场组织结构，运用演化博弈的理论和方法，系统地研究项目参与主体间的合作创新机制。对各类工程承包商合作策略选择的动态演化过程进行分析，并对创新风险、技术溢出，尤其是亲缘利他偏好和非制度惩罚等因素影响各类工程承包商行为选择的作用机理进行探讨。研究结果表明，对经原有企业改制而形成的工程承包商，基于亲缘联结增强其亲缘利他效用和信任程度；对于新进入者，适度加大开放和完善工程承包市场，增强非制度集体惩罚，可分别起到降低各类工程承包商对超额收益分配的依赖程度，加强各类工程承包商与业主合作创新的作用。进一步考虑工程承包商之间的横向竞争关系，建立委托代理模型，并对业主设置锦标赛和信用评价竞赛机制来激励工程承包商对合作创新行为的问题进行分析，对内、外部工程承包商能力相同和不相同时，两种竞赛机制影响工程承包商行为决策和业主收益的作用机理进行探讨。研究表明，能力不相同时，亲缘利他偏好、信用评价奖惩程度越大，工程承包商的创新努力投入越大，在其他参数一定时，仅当信用评价奖惩系数满足一定条件，锦标赛机制才对工程承包商的合作创新行为具有激励作用；能力相同时，随机干扰、技术溢出水平越小，信用评价奖惩程度、锦标激励约束奖金越大，工程承包商的创新努力投入越大，相较外部工程承包商、亲缘工程承包商的创新努力投入更高。

此外，还通过案例研究来对理论分析结果进行验证，以体现本书研究对项目管理实践的现实指导意义。

目 录

第 1 章

绪　　论

1.1　研究背景与意义

1.1.1　研究背景

分工合作既是人类社会发展的自然演化结果，也是人类社会福利增加的主要手段。随着人类社会活动范围的扩张和分工的细化，具有不同知识、技术、资源，涉及不同专业业务的多个主体与项目投资者合作，共同完成覆盖面广、投资额大、建设周期长、建设难度高的大型复杂项目的现象越来越普遍。大型复杂项目的经济、质量、安全、进度、环保等多项目标要求，在有的情况下通过过去的技术和工艺不能得到综合实现，技术创新成为一种必然的选择。在施工工艺越来越复杂、专业分工越来越细化、行业割裂特征越来越突出的趋势下，项目参与主体间的合作创新对于实现项目价值增值更为重要。因此，如何构建起一种合作组织，促进业主与参建单位合作创新绩效的提高，以保证项目目标的实现或超额实现成为项目管理领域中管理者所关注的关键问题。

当前，我国主要采用的项目管理模式是业主领导下的平行发包，业主负责对项目的技术创新进行管理，其他参建单位则负责完成项目的技术创新和各自的建设任务，在这种模式下，业主对参建单位创新行为的约束主要基于市场和契约的力量（谢洪涛，2010）。在现在的工程项目管理中也专门设立了技术创新管理机制，但真正能够在组织动态环境下实现各类技术创新主体的跨组织协同并不容易。工程交易的复杂性、不确定性和不可预见性，人的有限理性，导致工程合同具有不完备性。工程项目的一次性和临时性，项目参与主体间合作的动态性、频繁性和复杂性，导致机会主义行为更可能发生（Wu，2014）。此外，项目参与主体间除市场关系外，可能涵盖的其他社会关系会对参与主体间的信息沟通、技术共享、持续合作，尤其合作创新意愿造成影响（李刚，2014）。项目组织中的社会关系主要体现在依赖关系上（Lavie，2007；潘文安，2012），在国企改制过程中，拆分是一种普遍采用的改制手段，出于对被剥离和拆分出来的存续企业的适度保护和技术依赖，业主往往优先考虑将工程作业委托给它们，具有亲缘关系的集团内各子公司间的协作就成为项目组织的主要形式。而后，随着市场的进一步开放，其他具有先进技术的行为主体也参与到项目的建设中，原有的建立在亲缘关系基础上的合作关系受到竞争性冲击，项目组织形态随之发生变化，业主由此面对由原来企业改制而形成的存续企业和新进入企业两类合作对象。由此，在中国特定的历史空间范畴内，大型复杂项目的组织结构具有明显的准市场特征，是一种通过企业纵向等级结构与市场平行结构的相互渗透与融合而形成的企业间关系的契约安排，亲缘关系是其中最重要的社会关系，如图 1.1 所示。

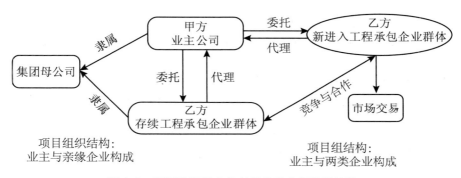

图 1.1　项目跨组织合作创新的准市场组织结构

一般项目组织结构下，作为独立法人的参与主体仅立足于自身利益进行行为决策，业主更多关注的是项目产出或者投入产出比，而工程承包商更多关注的却是项目工作量、经营收入和利润。各方关注重点和行为目标的不统一，使得甲方业主在面临项目越来越大型化、复杂化时，为提高项目产量、优化项目质量，希望乙方提高努力程度，并根据项目需要积极创新技术；而乙方工程承包商为提升自身经济效益，追求以低投入完成更多工作任务，则可能基于对努力成本、创新风险等因素的考虑而降低努力程度，规避新技术，最终的结果将是影响项目整体效益的全面提升。这一矛盾的解决，主要在于改变项目参与主体目标缺乏有机统一的模式，分析在大型复杂项目的实施过程中，业主如何协调和分配与工程承包商之间的利益关系，使各参与主体通过从"一体化"上获取项目整体效益的角度去实现各自效益的最大化。

然而，准市场组织下，主体的合作目标、结构、模式、机制、绩效、边界是高度一致的统一体，这些关键要素之间的交互作用决定着主体行为选择。存续企业与业主之间存在着天然的亲缘关系，对双方的合作有着不可忽视的影响。存续企业与业主隶属同一集团公司，追求的目标在一定程度上具有一致性，不仅会以与自身利益相联系的目标为出发点选择行为策略，还会按照集团总部设定的利益目标而努力工作。即是说，基于共同的目标和价值观，亲缘关系会启动亲缘利他偏好，促使内部企业可能以增加自身的努力成本为代价来提高项目整体效益，进而促进合作行为的产生。但这种关系带来的副作用也可能阻止亲缘主体间协作的演化，各参与主体同属于一个集团公司，监控的权利被置于另一关联方，有些单位也不会真正为甲方把关，从而使业主缺少有效监控，内部企业则可能因缺少约束而采取机会主义行为。而新进入企业与业主的合作本身就带有一种可置信的惩罚，对双方的合作有着不可忽视的影响。新进入企业采取机会主义行为一旦被发现，将因非制度性的集体惩罚而付出巨大的代价，不管是曾经合作过的还是其他企业都可能不再选择与其合作，因此外部企业可能不会轻易选择不合作行为；但外部企业与业主之间的这种非长期性合作关系又可能使其将每一次合作视为最后一次合作，从而利用信息的不对称采取机会主义行为。

由此可见，随着项目的纵深发展以及市场的逐步开放，项目参与主体之间，合同甲乙双方之间、业主与存续企业之间、业主与新进入企业之间等如何协同创新，以实现项目整体效益提高的问题逐渐凸显。项目参与主体间的合作创新研究就具有重要的意义，而具体特殊合作情境对一般性结论的验证更是不容忽视。

以中国大型复杂项目实施中参与主体的发展历史为背景，在准市场组织下，合作主体的亲缘关系是绕不开和难以回避的中国特色。那么，亲缘关系的强弱由哪些因素共同作用，亲缘关系的存在是否对存续企业的合作创新行为具有预测作用；亲缘企业间合作所依赖的以信任为核心内容的隐含契约是否会增强合作的稳定性；同时将两类工程承包商纳入分析框架中，亲缘企业和新进入企业在承担业主委托的工程作业时，哪一类更愿意及更有可能积极合作；各类企业合作创新行为产生的条件是什么及影响因素有哪些；工程承包商之间的竞争关系对合作创新行为的选择有什么影响；不同的准市场组织下，有效的激励及约束机制是什么这些问题都有待深入探讨。而且，将项目跨组织合作的合作内容细化到技术创新，创新结果和技术溢出的不确定性对工程承包商合作创新行为有何影响也亟须解决。因此，有必要以项目准市场组织结构为基本研究视角，对业主与工程承包商在项目实施过程中的合作创新机制进行分析，以对上述问题进行研究和解决。

1.1.2 研究意义

1. 理论意义

跨组织项目团队合作作为跨组织合作的一种，越来越备受重视，国内外学者围绕这一问题从不同立场进行了"错综复杂"的研究。并且随着现有研究成果及管理实践，充分认识到合作内容对合作行为的重要影响作用，跨组织合作创新逐渐引起了学术界的关注，并得到了广泛研究。然而，有关项目团队合作的研究多是基于项目团队是临时组建，参与主体间是非亲缘关系及无紧密社会联系纽带而展开的。有关跨组织合作创新的研究比较缺乏从工程项目整体的角度对各参与主体的创新动因进行分析，尤其较少对项目跨组织合作创新的组织结构及治理等问题进行研究。准市场组织理论主要应用于指导各个行业的组织变革，有关准市场组织下团队合作的研究则较多是针对企业联盟的，且主要集中于讨论准市场组织下合作行为的有效性和无效性，以及分析准市场组织下成员合作的声誉机制、信任机制等。本书将准市场组织理论运用于面向工程项目的组织结构和治理框架，以及对项目参与主体间合作创新机制的研究中。主要以工程项目为载体，考虑了参与主体间的关系结构和特征，以及参与主体间受分开方式、股权结构、合作历史等影响可能存在的亲缘关系，并将合作内容细化到技术创新，运用委托代理、演化博弈、数值模拟的理论和方法，研究不同项目准市场组织结构下，各类工程承包商合作创新行为的产生条件和影响因素，以及业主激励工程承包商突破技术难题、提供优质服务、提高项目产出的有效措施。这对于在一定程度上验证单一的特殊合作情境和合作内容以及两者的结合对项目参与主体合作行为的影响，完善项目团队合作、跨组织合作创新、准市场组织下合作的理论研究体系，突破过去这几个方面各自作为研究对象的局限性，丰富结构—行为—绩效的理论成果具有重要意义。

此外，探讨业主与各亲缘企业间的合作，分析亲缘利他偏好对参与主体合作行为演化的影响，离不开对亲缘利他偏好参数的设置。学者们在研究亲缘利他行为时，认为亲缘利他偏好的强弱取决于个体间亲疏关系的远近，并且主要从生物学的角度，用反映与个体间遗传或亲缘相关的亲缘系数来表示个体间的亲疏程度。本书将集团公司与成员企业，以及各成员企业之间的关系界定为亲缘关系，期望构建受合作历史、合作频率、信任程度等因素共同作用的亲缘利他偏好函数。在比较分析亲缘企业与新进入企业在项目实施过程中的合作创新行为，探讨业主对各类工程承包商群体的激励机制及效果时，将考虑工程承包商群体间的竞争关系。学者们在研究公司对员工薪酬激励机制的设计时，构建了考虑公司内部团队中多代理人之间具有竞争关系的代理人产出函数，本书期望将其扩展运用于反映跨组织项目团队中多代理方之间的竞争关系。这对于丰富相关理论研究模型具有一定的理论意义和价值。

2. 实践意义

近年来，越来越多的项目表现为需要多专业、多工种密切配合的系统工程，项目各项工作需要具有不同知识、技术、资源，涉及不同专业业务的主体合作完成。如在油气勘探开发项目中，多个拥有不同专业技术的乙方油田服务公司分别承担一定工程作业，为甲方油田公司提供油气勘探、开发服务以及相关工程技术服务等。如在高铁建设项目中，一般将工程分为若干子工程或多个标段，采取分段承包，由不同的承包商分别完成相应的勘探、设计、土建、铺轨、科研等任务。随着项目复杂性的日益递增，项目的实施过程面临的技术难度越来越大，各参与主体之间的合作意义重大，工程承包商的技术创新水平作用关键，不仅事关项目效益的提高，事关项目目标的实现，甚至事关项目的成败。然而，项目参与主体以实现自身效益最大化为原则的行为选择，使得各自的目标相向而行，从而造成技术进步缓慢，影响项目产量或项目质量。因此，对项目团队进行有效管理，促进各参与主体在技术层面上合作创新符合现实需求。

同时，大型复杂项目通常不是私营企业所能承担的，除政府外，投资主体主要是建立了现代企业制度，且具有技术领先优势和强大建设能力的集团式国有企业。随着国企重组改制，业主所在企业集团往往本身就包含多个下属工程承包商，随着改革发展的深入，市场的适度开放，一批新进入企业也涌入工程承包市场。在此背景下，由国有部门主导的大型复杂项目，参与主体间既有市场环境下的交易关系，也可能有股权结构下的科层关系，其组织结构体现出显著的准市场特征。因此，对项目准市场组织结构进行分析，对准市场组织下参与主体间合作创新行为进行探讨更适合中国的现实国情。有关准市场组织下的合作问题不同研究者从不同角度阐述了自己的观点，也因不同的研究角度、不同的数据资料得出了不同的结论。本书对存续企业和新进入企业，哪一类更可能采取合作策略，各自选择合作创新行为的条件是什么，亲缘利他偏好、非制度惩罚等因素分别对两类企业的合作创新行为有何影响等问题的研究和解决将为项目管理实践提供依据和参照。而且基于理论分析及案例研究为业主在不同合作情境下设置合理的激励、约束和补偿机制提出策略建议，有助于项目管理者对参建单位进行有效管理，有助于提高工程承包商的工作效率和创新水平，以及带动工程技术进步。

1.2 国内外研究现状

本书主要是对项目准市场组织结构下业主与工程承包商之间的合作创新行为进行研究。相关研究涵盖项目团队合作、跨组织合作创新、准市场组织下团队合作、亲缘利他合作等几个方面，针对这些研究领域，学术界已进行了诸多有益探索。

1.2.1 项目团队合作问题研究

有关项目团队合作的研究主要集中在以下三个方面。

一是基于委托代理框架，着眼于如何通过合同、契约来有效地激励和约束参与主体的行为，以解决团队合作的道德风险问题，达到提高项目产出的目的。国外的研究成果表明，激励合同是项目管理的重要工具（Herten，1986；Howard，1997），设计正确的激励机制才能吸引到合适的合作伙伴（Archetti，2011），才能引导工程承包商从自身利益出发的同时，选择对业主有利的行为，从而降低项目成本、缩短项目工期、降低道德风险（Bai，2012）。其中，收益共享、成本共担这种显性激励机制，无疑是激励合同的核心要素，能够改善协作主体间的对抗性关系，并且激励机制的微小变化都可能改变参与主体的不合作行为（Christof，2004；Brown，2011；Wang，2015）。

在国内项目管理研究领域，不少学者也提出通过契约设计来引导项目参与主体选择合作行为。从激励视角分析，构建成本补偿加利益分配合同，有助于协调项目委托人与代理人之间的利益冲突（陈勇强，2006）。在考虑道德风险因素基础上的建模分析得出收益激励结合一定的惩罚手段可实现工期目标和双方收益目标的帕累托改善（汪应洛，2005；陈建华 2007）。常雅楠（2018）通过建立改进的 Shapley 值法分配模型，对项目超额收益分配比例进行评估，得出科学公平的利益分配是项目团队合作的关键因素之一。李真（2013）和吴光东（2013）通过构建多阶段激励模型进行分析，分别得出收益共享合同能实现业主收益与工程质量的"双赢"；伴随项目进度逐步加大奖惩力度，有助于抑制道德风险行为、促进项目的阶段性成功。

二是利益主体属性对合作行为的影响研究。工程项目的日趋复杂化和大型化使得项目团队往往包含多个拥有不同资源、能力、地位、声望等的利益相关者，它们在项目实施过程中的行为决策与其自身的属性高度相关。国外学者认为在项目团队合作管理实践中，经济激励对工程承包商的作用功效并未最大化发挥，究其原因，参与主体行为选择的依据除经济利益外，还包括资源、声望等要素（Wong，2005）。所有者权力、参建者能力对工程承包商合作具有影响作用（Lu，2013），参与主体间的交互环境对项目组织、实施和产出具有影响作用（Jensen，2006）；项目参与主体的个体要素和互动要素对业主和工程承包商之间的信任水平，对项目团队合作效益具有影响作用（Ling，2012；Yang，2014）。

国内学者基于国外有关项目利益相关者属性对其行为决策影响作用的研究成果，认识到如何从项目参与主体属性出发，协调不同群体的利益是解决经济激励失效，提升项目团队合作绩效的关键。王孟钧（2011）认为基于不同资源优势的行动权，会导致各个项目利益主体在博弈过程中产生地位差异和利益冲突。陆绍凯（2005）认为将供应链管理机制引入到项目管理中有助于形成共同的利益基础。郭峰（2008）提出了完善监督体系、发挥业主协调者角色等有助于对项目利益主体进行协调管理。戚安邦（2015）构建建设项目价值链模型进行分析，得出实现项目价值最大化的方法包括利益相关者的社会分工与合作、良性竞争以及合理化分配。彭为（2017）指出多利益相关者之间的关系和利益协调，利益相关者的有效管理，需要识别利益相关者的影响力以及分析影响力的决定因素。

　　三是纳入有限理性因素，考虑人类认知、社会偏好等对项目团队合作的影响研究。人并非完全只追求自身利益，很多时候还会兼顾他人利益（Samuelson，1993；Sen，1995），国外学者认为项目团队成员在追求自身利益的同时也会存在一定程度的公平、互惠、利他动机。洛赫（Loch，2008）、巴甫洛夫（Pavlov，2009）和恩格迈尔（Englmaier，2010）通过实验证明了公平偏好会导致降低系统整体效率、增加道德风险等诸多问题。对项目管理实践而言，在多阶段激励过程中工程承包商群体的公平偏好会对收益共享的激励效率产生影响（Itoh，2004；Robert，2008）。卡彭特（Carpenter，2009）、里格登（Rigdon，2009）和巴尔塔（Barta，2011）通过探讨互惠对项目团队产出的影响得出，互惠是在适当条件下惩罚不合作行为，促进更高水平合作的有效措施。近年来，利他偏好也逐渐回到研究者的视野中，非亲缘主体间的利他合作逐渐受到关注。莱文（Levine，1998）建立了考虑利他系数的直接效用和调整效用函数，莱曼（Lehmann，2006）构建了基于利他偏好的合作行为演化的描述性模型。利他偏好是影响决策效用与个体行为的重要因素（Urda，2013），对于克服项目团队具有的临时性及不确定性等特征造成的参与主体合作意愿低下的问题具有积极作用（Braun，2013）。

　　随着相关研究的发展，越来越多的国内研究者也开始关注公平偏好、互惠偏好、利他偏好等对项目参与主体合作行为的影响。在项目团队合作情境中，公平偏好对项目价值增值和参与主体绩效优化（吴光东，2011；赵丽丽，2016），对激励机制效果和项目工期优化的影响作用已得到证实（李真，2013；吕俊娜，2014），当参与主体感受到对自身不利的情况时，通常会产生消极态度而降低合作努力水平。而且个体间的公平偏好往往是存在差异的，考虑公平偏好差异情形下的影响效应将有助于更为深刻地了解公平偏好对项目参与主体合作努力行为决策的影响（陈哲，2018）。互惠偏好作为非正式的契约工具可以促进主体间的合作效率，是促进项目团队合作效率的重要因素之一（韩姣杰，2012）。也有学者通过构建双代理人情形的项目团队知识共享激励模型分析得出，在冲突影响下，互惠偏好对工作努力、激励系数、团队期望效用等并不总起积极作用，但可以提高知识共享努力（施建刚，2013）。利他偏好对项目团队合作行为的影响同样得到了国内学者的肯定，但是，具体决策情境及相关因素可能会对利他偏好本身产生影响，或使利他偏好对行为决策的影响效应发生改变（陈哲，2018）。韩姣杰（2013，2015）在分析了利他偏好对项目参与主体合作行为的影响作用的基础上，进一步分析了项目规模、项目属性、利润分享等外界因素对利他偏好在项目复杂团队中生存和演化的影响，以及利他偏好成为演化稳定偏好的条件。

1.2.2 跨组织合作创新问题研究

有关跨组织合作创新的研究，主要是站在行业或产品的角度分析影响企业间合作创新的因素及动力机制。纵向层面主要集中在对供应链上下游企业间合作创新的机会主义行为、道德风险的分析和相应合作研发策略的研究。班纳吉（Banerjee，2001，2003）构建纵向合作创新模型，对上下游企业的研发行为进行了研究。吴（Wu，2015）基于互惠偏好对项目供应链跨组织合作创新的激励机制进行了研究。易余胤（2005）、张子健（2008）、刘伟（2009）和邹艳（2011）分别对多级供应链纵向合作研发体系，合作研发过程中的机会主义行为，以及双边道德风险模型下合作研发报酬契约设计进行了研究。横向层面主要关注的是对产业集群企业间合作技术创新行为的影响因素和竞合机制的分析。波特（Porter，1998）认为产业集群企业间技术创新行为主要受内部竞争压力和同行间持续比较的支持。雷姆（Rehm，2015）描述了集群如何促进跨边界知识交流，进而推动组织间合作创新。罗发友（2004）、曹群（2009）、杜欣（2013）和杨皎平（2015）则主要应用博弈和实证的方法对集群内企业的协同创新行为及影响因素进行了分析，揭示了集群企业创新竞合机制。周贵川（2014）和陈帆（2014）分别对资源型和建筑类企业间的合作技术创新机制进行了分析。

近年来，随着大型复杂项目的增多，国内外学者也开始对大型复杂项目多主体间这种跨组织合作创新行为进行研究。工程技术创新是指在工程项目中采用能增加实际效益的新的设计、材料、技术和工法（Ling，2003），判断工程技术创新的标准是事物在当前状况下的新颖性，包括引进为项目建设带来额外效益的新东西（Brandon，2008）。合作在工程技术创新过程中至关重要，参与主体间密切的协同关系、良好的合作关系有利于工程技术创新的开展（Blayse，2004；Miozzo；2004）。

关于项目跨组织合作创新的研究，主要集中在四个方面。一是分析大型工程项目技术创新系统及合作模式。李迁（2006）对包括构成要素、社会网络结构和运行机理的大型工程技术创新合作系统进行了研究。谢洪涛（2010）对重大工程项目合作创新的组织问题和网络问题进行了研究。二是分析项目团队成员参与合作创新的动力机制。博辛克（Bossink，2004）通过探索性研究得出，外界环境压力、技术能力、知识互换及边界扩张是项目参与主体合作创新的主要驱动力。林（Ling，2007）认为业主方以解决项目技术问题为导向，建立实施技术创新的协调及监控机制，有助于创新合作绩效的提高。孙永福（2012）运用系统动力学的方法进行研究，提出了以协同合作、激励约束和利益分配为基础的铁路工程项目技术创新动力机制。三是分析项目参与主体合作创新行为及影响因素。杜莱米（Dulaimi，2003）通过调查研究识别了目标激励、主体承诺等影响项目跨组织合作创新的因素。泰勒（Taylor，2009）通过仿真分析验证了不稳定性关系对各参与主体技术创新合作应用的影响。王孟钧（2014）通过理论分析和实证检验的方法研究得出，合作伙伴选择、组织环境和创新管理技术是影响工程项目创新合作的主要因素。洪巍（2013）和朱建波（2016）分别对工程技术创新合作过程中业主与供应商、总承包商与分包商之间的行为演化及影响因素进行了研究。四是分析项目跨组织合作创新的知识投入和知识创新激励。李江涛（2010）对大型工程建设过程中的产学研合作问题进行了研究。施建刚（2013）和吴光东（2017）指出稳定均衡的知识流是实现项目跨组织合作创新的基础，并基于知识流视角构建了项目跨组织集成创新管理模型。

1.2.3 准市场组织下合作问题研究

在企业理论中对企业之间复杂多样的制度安排进行分析的是威廉姆森（Williamson，1979），他讨论了"三方规制"和"双边规制"两种介于市场和企业之间的组织形式，这就是准市场组织思想的萌芽。之后，准市场组织理论的研究趋于活跃，有关准市场组织下团队合作的研究主要集中于对准市场组织下合作行为的有效性和无效性的分析，以及通过承诺、契约、信任、竞争等抑制机会主义行为的分析（Ling，2007）。琼斯（Jones）从需求的不确定性、资产的专用性、任务的复杂性与交易频率等四重维度入手，结合结构嵌入理论，提出了促进准市场主体合作的限制性进入、宏观文化、联合制裁、声誉四种因素。古拉蒂（Gulati，1998）对介于市场与科层组织之间的联盟网络的形成、演化、治理及绩效进行了详细研究，提出了用正式契约来约束组织伙伴关系的观点。米尔沃德（Milward，2002）认为，准市场治理的核心问题是承诺、契约和合同。卡科宁（Kähkönen，2010）认为准市场条件下的合作也可能存在无效率的现象，而竞争可作为一种促进有效合作的压力。国内学者金雪军（2004）认为科学共同体组织已逐渐转变为准市场组织，并应用演化博弈对科学共同体合作机制进行分析。郑亚莉（2005）认为准市场组织是集群经济重要的制度安排和组织结构，以准市场组织为切入点阐释了产业集群的运行机理、治理结构与经济绩效。卢福财（2005）分析了网络组织成员合作稳定的影响因素，得出声誉效应是重要激励机制。蓝庆新（2006）应用博弈模型分析得出网络组织的稳定性主要依赖于信任机制和惩罚机制两种因素。

1.2.4　亲缘利他合作问题

1963 年，汉密尔顿（Hamilton）从概率的观点出发提出了亲缘选择理论，并结合广义适合度概念解释了亲缘利他行为。广义适合度指个体适合度与亲属适合度之和，亲缘利他行为的出现是因为个体牺牲自己的适合度在一定条件下可以增加广义适合度。亲缘选择理论在一定程度上将利己与利他统一了起来，亲缘利他可以理解为一种扩大的利己，指个体是在追求自身利益的基础上，同时关注亲属整体利益。亲缘选择与利他主义对合作行为具有促进作用（Ale，2013）。迪尔（Dur，2010）通过多重代理模型分析了促进利他主义创建的相对激励；岳休云（2013）对促进合作进化的条件进行分析得出，在亲缘选择下，基于"囚徒困境"和"雪堆博弈"的直接互惠和网络互惠在不同的条件下可以促进合作的进化。谢文澜（2013）基于进化心理学对合作行为的产生机制进行探讨指出，亲缘关系越近，利他倾向越大，合作行为越强。当然，当个体的利己收益和利他收益之和大于利他行为付出的成本时，才会产生利他行为，否则便会产生"搭便车"行为。

不少学者也对良好社会关系下的利他行为和合作行为进行了研究。莱曼（2007）和万（Van，2009）认为在较强的利他主义情况下，一些群体选择模式可理解为亲缘选择模型，两种模型的转换可能并不改变合作选择的净效应函数。加尔萨（Brañas－Garza，2010）通过研究发现社会关系越密切，人们之间的利他行为也会越多。伊顿（Eaton，2011）和马苏达（Masuda，2012）发现，个体具有对"内部人员"和"外部人员"进行不同划分的内在倾向，相比于外群体，个体更偏爱和内群体成员合作。沈远光（1995）将母公司与子公司、各子公司间的关系界定为企业间亲缘关系；温芳芳（2013）也将高校与其校办企业、企业与其下属企业之间等的关系称之为亲缘关系，并对亲缘型专利合作模式进行了研究。

1.2.5 文献综述

通过上述文献回顾可知，有关项目团队合作问题，国内外学者一是研究如何设计不同的合同安排，如何引入合理的激励和约束机制，以吸引优质的合作伙伴，协调委托人与代理人之间的利益冲突，降低团队合作的道德风险。二是引入利益相关者理论，分析项目利益主体具有的不同资源、能力、声誉、地位等属性对其行为决策的影响；通过博弈模型的构建和分析，探讨关键利益主体合作的条件，及解决利益冲突的协调机制。三是运用行为经济学理论，基于对有限理性的考虑，将公平、互惠、利他等社会偏好纳入研究模型中，分析社会偏好对参与主体行为选择和业主激励机制设计的影响。进一步聚焦到项目跨组织合作创新问题的研究，主要是对概念、模式的分析，对参与主体合作创新动机及影响因素的分析，对各参与主体以解决工程技术问题为目的实施创新的协同机制的研究。

现有文献已对项目团队合作及合作创新问题做了广泛研究，并取得了重要成果，为研究准市场组织下项目跨组织合作创新行为从各个侧面提供了一定的借鉴。然而，有关项目团队合作的研究主要是建立在项目团队具有临时性，参与主体之间属于非亲缘关系，且缺乏良好社会关系的基础上，对合作历史、社会关系以及合作频率对合作行为的影响有所忽略。面向工程项目的跨组织合作创新的研究较少是基于对项目组织结构的分析而展开的，缺乏从项目整体的角度对参与主体间稳定合作关系的形成与运作机理进行研究。有关准市场组织下团队合作的研究较少有关于项目团队的，而且，很少能把握准市场组织下主体行为的选择规律，较少考虑主体合作的结构、机制、绩效等的有效统一，以及它们之间存在的复杂交互关系对主体行为选择的影响。有关亲缘利他偏好对合作行为形成机理的研究多是描述性分析，较缺乏运用数学模型探讨亲缘利他偏好对主体行为选择的影响路径。此外，市场的进一步开放引入了新的主体，其合作行为的产生是否会受到不同因素的影响，并且新主体的涌入必将带来竞争，竞争关系的存在如何影响各类工程承包商的合作行为等这些问题也有待探索。因此，系统地分析不同准市场组织下，各类工程承包商的行为选择机理，以及业主如何协调、分配与工程承包商之间的利益及风险关系，如何针对创新投入和项目产出对各类工程承包商群体的合作创新行为进行激励、约束和补偿是十分有必要和有价值的。

1.3　研究目标与内容

本书的研究主要涉及不同准市场组织下，业主与各类工程承包商合作创新行为选择的交互作用。工程承包商主要是围绕业主设计的有关整个项目的激励机制做出是否进行合作创新的行为选择，其合作创新行为表现为不仅仅是提高工作努力程度，还根据项目需要优化技术方案、创新关键技术、应用先进设备等，以优化项目质量，提高项目产出。业主的任务主要是基于主导作用的发挥设计激励机制，以促进工程承包商的行为选择朝着合作创新的方向演化，并积极从事创新投入，从而实现项目整体效益的最大化。本书的研究在对国内外研究现状进行综述，对相关基础理论进行介绍的基础上，首先，构建起准市场组织下项目跨组织合作创新行为的理论分析框架；其次，运用演化博弈的分析方法，系统地探讨亲缘企业间合作创新策略选择的动态演化过程；再次，将合作情境扩展到市场进一步开放，部分新企业进入的情况下，分析业主对各类工程承包商群体的激励机制；最后，通过案例研究对理论结果进行检验。

研究目标主要包括：

（1）建立起一个准市场组织下业主与工程承包商合作创新行为研究的理论分析框架，揭示特定历史空间范畴内我国工程项目的准市场组织结构，以及不同纽带联结的准市场组织和项目参与主体行为，与业主管理策略的相互作用。

（2）应用演化博弈与委托代理的理论与方法，研究不同准市场组织下，业主与工程承包商在项目实施过程中的合作创新机制，以解决项目团队成员合作的道德风险问题，促进各参与主体之间持续互利的合作关系。一是对亲缘企业间的合作创新行为进行演化分析，揭示亲缘工程承包商如何进行合作创新策略的选择，以及各参数对演化方向有何影响，进而为业主协调和分配同存续企业之间的利益及风险关系提供决策支持。二是进一步对市场适度开放情境下，新进入企业与存续企业同时为业主提供工程服务时，工程承包商的合作创新策略选择进行动态演化分析，探讨业主面对两类工程承包商应如何设计相应的惩罚与激励机制，比较可能达到的激励与约束效果，为业主在不同合作情境下针对不同工程承包商群体采取恰当的管理措施，以全面提升项目整体效益提供策略建议。

（3）用数值仿真或案例研究对理论分析结果进行验证，揭示研究结论在项目实施过程中的应用前景，以及项目跨组织合作创新未来的发展方向。

研究的主要内容有：

（1）项目准市场组织结构下跨组织合作创新行为的理论分析框架。分析经济转型期我国工程项目组织结构的准市场特征，通过对项目参与主体之间关联关系的分析界定项目准市场组织类型，主要有以契约管理为主的 N 形结构和以产权管理为主的 H 形结构。然后对不同准市场组织下项目参与主体间的合作模式，以及合作创新行为产生的条件进行规范性研究，提出相关理论命题，构建起总体分析框架。

（2）H 形准市场组织下亲缘企业间合作创新行为研究。H 形结构是典型的准市场组织结构，各参与主体既隶属于同一企业集团，又都是独立法人，主体间的业务关系虽是契约关系，但仍包含科层关系。本部分将集团公司与各子公司以及各子公司之间的关系界定为企业间亲缘关系，应用演化博弈理论与方法，研究特定历史空间范畴内，基于亲缘关系的甲方业主与承包工程作业的乙方存续企业在项目实施过程中的合作创新机制；并采用 Matlab 软件进行数值模拟检验理论分析的正确性；最后为业主促进工程承包商选择合作行为，提高工作努力及增加创新投入，进而为提高项目整体效益提供策略建议。

（3）考虑业主补贴的亲缘企业间合作创新行为研究。工程承包商采取合作创新策略时除增加提高努力程度的人力资源投入成本外，还将付出技术创新应用的物质性投入成本，而技术创新往往又具有风险过大、成本过高的特征，如果由工程承包商独立进行可能难以开展。亲缘关系联结着的合作主体能够建立共同的目标，而业主又是项目技术创新与应用的关键倡导者与推动者，应该与工程承包商共担风险，因此，有必要进一步分析业主补贴策略对工程承包商技术创新与应用的影响。本部分在第（2）部分亲缘企业间合作创新的理论模型中纳入业主补贴，分析一定技术创新资金支持和政策扶持对工程承包商合作创新行为选择的影响，并采用 Netlogo 软件进行多代理仿真，对不同超额收益分配系数、不同补贴系数下亲缘工程承包商的行为演化及业主的收益演化进行探讨，以期为项目跨组织合作创新激励策略的设置提供理论依据。

（4）存在亲缘企业的 N 形准市场组织下主体间合作创新行为研究。随着市场的进一步开放，一些原有的建立在历史关系上的合作关系被新进入企业打破，项目跨组织合作创新的组织结构也变为基于合同的 N 形结构，但集团内各子公司间的协作仍不乏为项目跨组织合作创新的主要形式。本章主要针对业主同时面对从原来企业经过改制而形成的存续企业和新进入企业两类工程承包商的情景，建立相关理论模型分析市场开放，纳入非制度集体惩罚情景下跨组织合作创新行为的形成机理，以及业主对工程承包商群体的激励机制；分析存续企业存在考虑亲缘关系的情况下，业主对各类工程承包商群体激励机制的设置及可能达到的激励效果。

（5）考虑横向竞争关系的两类工程承包商合作创新行为研究。同时吸收存续企业和新进入企业两类工程承包商参与项目建设，能够充分发挥集团内、外企业的技术优势和创新能力、助力业主创新技术、提高项目质量水平。但在现实经济活动中，各工程承包商之间存在着竞争，业主利用这种横向竞争关系来激励工程承包商合作创新，在很大程度上能够克服合约不完全和努力程度不可验证性所带来的道德风险问题。而就激励效果来看，工程承包商是否愿意提高创新努力投入，优化项目质量，则取决于竞赛机制的设计。因此，本章利用委托代理和信息经济学的理论和方法，研究业主如何利用工程承包商之间的质量竞争对其当期和未来收益的影响，设置锦标赛和信用评价竞赛机制来激励工程承包商的创新努力投入，分析两类工程承包商能力相同和不相同时，两种竞赛机制对工程承包商合作创新行为和业主收益的影响。

（6）案例研究。选取某高铁建设项目作为案例，收集项目资料，通过对相关数据、契约信息及管理措施进行分析来进一步检验理论分析和数值模拟结果，说明理论研究结果对管理实践的指导意义。

1.4　研究方法与技术路线

本书主要采用以下几种方法进行研究分析：

（1）文献研究法。较全面地搜集、总结国内外有关项目团队合作研究、跨组织合作创新研究、准市场组织结构研究等方面的文献资料，认真分析现有研究已获得的成熟研究成果，以及仍有待完善的方面，以找寻问题的切入点。

（2）演化博弈方法。参建单位在承担工程作业的行为选择上，并非是"完全理性"，而是一个模仿学习和不断调整的动态过程，因此，依据参与主体之间的关联关系，用演化博弈理论来研究项目跨组织合作创新问题。建立亲缘工程承包商行为选择的演化博弈模型，构建存续企业与新进入企业两类工程承包商与业主合作创新的演化博弈模型，通过演化稳定策略的求解，和各参数对演化方向的影响分析来推导证明一系列命题。

（3）模拟实验。运用 Matlab 软件进行数值仿真，检验理论模型分析得出的有关亲缘企业间合作行为的形成机理和动态均衡等结果的正确性，探讨从不同初始条件向各平衡状态演化的动态过程，及业主对亲缘工程承包商分配系数的设置和可能的激励效果。遵循计算实验研究范式，运用 Netlogo 软件建立考虑业主补贴的亲缘企业间合作创新问题的仿真模型，并开展演化分析与研究，探索不同参数变化对工程承包商合作创新行为选择及项目效益的影响，通过对实验结果的对比分析得出积极的管理启示。

（4）案例研究。选取适当的项目作为案例，收集相关数据和资料并进行分析，一是对理论分析结果进行检验，二是将实践案例与理论分析相结合，使研究结论对项目管理实践的指导更切实际。

本书的技术路线如图 1.2 所示。

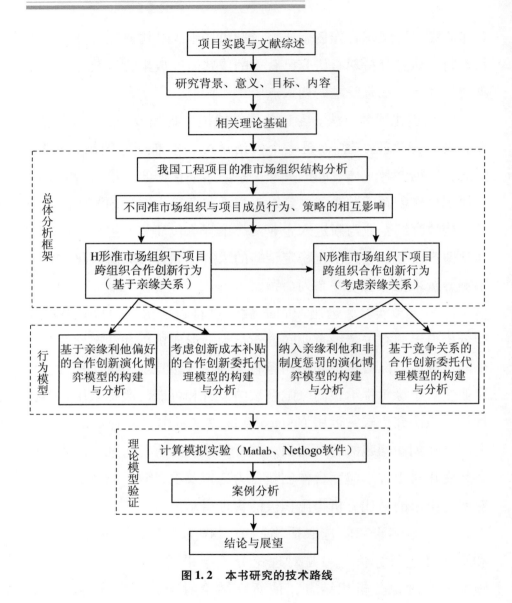

图 1.2　本书研究的技术路线

1.5　研究的创新性

现有的研究比较充分地认识到合作环境、合作内容将对跨组织合作行为产生影响，然而单一的特殊合作情境和合作内容以及两者的结合是否可以验证一般性结论却有待探讨。本书对准市场组织下业主与工程承包商之间的纵向合作创新问题进行研究，其创新性主要有三个方面。

（1）刻画组织间联结模式是项目团队合作分析的基础，现有研究比较缺乏对项目组织结构的分析，也不能很好对参与主体间社会关系进行描述。本书以项目组织结构为出发点，以项目整体效益为落脚点，对项目准市场组织结构的基本类型进行界定，对不同纽带联结的准市场组织下项目参与主体间的合作创新机制进行研究，对业主如何激励各类工程承包商不仅以一定工作量的完成实现项目基准品质要求，更是通过工作努力水平的提高、内部知识与技术资源的整合、工程技术方案的优化、关键技术的创新、先进设备的应用来提高项目整体效益进行分析，形成新的研究视角。

（2）现有关于跨组织项目团队合作问题的研究主要是建立在项目参与主体之间缺乏良好社会关系，合作关系具有临时性的基础上，对合作历史、社会关系以及合作频率对合作行为的影响有所忽略。本书聚焦于具有亲缘关系的项目业主与工程承包商之间的合作创新问题，将亲缘利他偏好纳入分析框架内，对亲缘企业间合作创新行为进行演化分析，丰富了跨组织项目团队合作的理论研究。现有关于跨组织合作创新的研究主要站在行业的角度，或是站在企业自身的角度分析影响企业间技术创新的因素及企业参与技术创新的动力，较缺乏站在工程项目整体角度探讨项目参与主体技术创新的动因，以及项目跨组织合作创新的治理问题。本书将研究主题确定为项目参与主体之间的合作创新行为，对创新风险和技术溢出等因素可能对工程承包商行为选择的影响作用，以及业主如何激励工程承包商的合作创新行为进行分析，拓展了跨组织合作创新问题研究的外延。

（3）项目的外生不确定性因素造成合作创新风险高，业主出于对项目整体价值的关切，往往会参与到参建单位的创新过程中，多以投资的方式介入，而最常见的就是对创新进行补贴。基于此，如果仅从收益共享的角度分析超额收益分配对代理方技术创新行为的激励就存在一定的局限性，本书进一步对业主如何通过风险共担机制来引导亲缘企业的合作创新行为进行探讨。当业主同时选择内部企业和外部企业承担工程作业时，对两类工程承包商行为的激励问题就凸显出来，而传统意义上的合同契约是否带来道德风险问题，基于亲缘信任的隐性契约是否会促进合作行为演化并未被完全揭示。本书应用委托代理或博弈的方法，对哪一类企业更愿意及更有可能积极合作进行比较分析，对新进入企业群体与存续企业群体合作创新行为的产生条件和影响因素进行分析，认为各工程承包商之间的竞争关系是现实存在的，并且可形成促进有效合作的压力，进一步对考虑这种竞争关系情况下，业主如何设置竞赛机制来激励工程承包商的合作创新行为进行探讨，在学术观点上具有一定的创新性。

第 2 章

相关基础理论与方法论

2.1 准市场组织理论

2.1.1 准市场组织的界定

传统的经济学理论中，企业就是企业，企业各自构成内部统一的整体，相互之间独立；市场就是市场，市场的作用是调节各主体之间的交易活动和关系。包括科斯（Coase，1994）在内，不少学者对企业行为进行了探讨，并认为纯粹市场和科层之间具有替代关系。然而，企业与市场之间还存在一个中间组织，即准市场组织，它既包含有市场联系也包含有非市场联系。威廉姆森（1979）最早对企业间多样性制度安排进行探讨，他认为一定的规制结构决定于不确定性、资产专用性的程度高低和交易重复的频率大小，传统的企业与市场的替代关系并不完整。之后，学者们继续对主体间关系对组织结构的影响进行研究，但对准市场的描述多是仅从其兼具企业与市场特征的角度入手，未能揭示其本质（今井贤一，1996；陈红儿，2003）。见表2.1，拉尔森（Larssno，1993）比较了市场、准市场和企业在资源配置、稳定性、竞合性、业务关联等各方面的特征。就其本质而言，准市场是一个能解决组织间协调问题的关系集合，不同于市场最善于运用关于交易的知识，企业最善于运用的知识主要是生产方面的，准市场最善于运用的知识主要是关系方面的，因此，随后的研究以知识利用为出发点更好地揭示了准市场的本质特征。从契约替代和知识利用角度出发，一般认为准市场组织这种有关企业间关系的契约安排，是通过企业纵向等级结构与市场平行交易结构的相互渗透与融合而形成的，狭义地讲就是在市场关系中嵌入科层关系，科层关系是一种纵向命令关系，指遵照命令完成企业内部交易而形成的一种上下级之间控制与被控制的关系。

表2.1 准市场与市场、企业的比较

比较内容	市场	准市场	企业
资源配置方式	价格机制	价格机制和科层机制相结合	科层机制
调节参考点	价格	契约和隐合同	权威
调节力量来源	供求	谈判、博弈	计划
主要的相对成本	交易成本	交易成本和组织成本	内部组织成本
稳定性比较	小	较强	强
业务关联性	无	较强	强
合作性	差	强	最强
竞争性	强	较强	弱

2.1.2 准市场组织的特征

准市场组织并非企业和市场的简单叠加,其具有以下几种独有特征。

(1)结构上。准市场组织一般比企业组织松散,比市场组织稳定,各组成主体相对独立和稳定,他们之间通过一定的纽带联结。主要包括以下纽带:一是地理空间,这种纽带联结而成的准市场组织主要是集群经济。二是产权,这种纽带联结而成的主要是各类企业集团。除产权纽带外,企业集团各单位之间还辅以经营、合作契约、人事、技术等纽带联结。三是各种契约关系,这种纽带联结而成的主要有长期合作、战略同盟、特许经营和分包等。

(2)效率上。一方面,准市场组织具有企业等级制度的有计划性,有利于克服市场失灵,最小化交易费用;另一方面,又具有市场交易机制的竞争性,能克服企业内部组织失灵,最小化组织费用。

(3)协调方式和激励机制上。从协调方式看,市场对经济主体行为的协调主要是通过市场价格信号,以及各主体对价格信号的反应;而企业对员工行为的协调则主要是通过企业组织权威。这两种协调方式准市场组织可根据情况的不同选择性地采用,因此相对灵活,成本相对较低。从激励机制方面看,威廉姆森(1985)认为,市场契约是完备的,提供的激励是高效的,而企业是不完备的,提供的激励是低效的。市场对个体的激励通常高于企业对个人的激励,但企业在激励方面并非一无是处,企业通过权威的作用采取的治理机制比市场更灵活。准市场组织则可根据情况而定,选择不同的机制激励各组成主体。

（4）演进特征上。一般而言，准市场组织构成主体在采取机会主义行为时，组织内的制度性惩罚会发挥作用，此外，其他内、外部主体不再与其合作的非制度集体惩罚也将发挥作用。而且，这种社会性惩罚还会因信息的快速传播而加大，从而使主体机会主义行为的代价增加。也就是说，通过地缘、亲缘、契约等纽带联结的准市场组织相对比较稳定，因为监督和惩罚机制会内化于社会机制本身。

2.1.3　准市场组织的分类

准市场组织在经济理论领域通常被称作网络组织，阿赫罗尔（Achrol，1999）根据参与主体的不同以及主体间关系的不同，将网络组织分为了内部网络、垂直网络、市场间网络和机会网络四种，其中，企业外部的网络关系包括垂直网络、市场间网络和机会网络三种，它们是企业间的准市场组织。

国内学者孙天琦（2001）较早对准市场组织进行研究，他认为主要有 N 形和 H 形两种企业间准市场组织。N 形结构的准市场组织最接近市场，主要表现为行业协会、价格同盟、合作生产、共同投资、分包制和战略联盟等组织形式，它以契约管理为主，企业间关系较为松散。H 形结构的准市场组织离企业较近，主要表现为一种企业集团组织形式，它以产权管理为主，各个参与企业都是独立法人，自主经营、自负盈亏。如果各个参与企业不是独立法人，就成了一种与一体化组织更接近的 U 形或 M 形企业集团，它以内部协调为主。

多主体项目团队，首先，是以契约为纽带来组建，项目业主通过招标将各项工程作业委托给具有不同知识、技术、资源的主体。其次，由于目前我国大型复杂项目多为国家投资，并以具有相当实力的国有集团企业为投资载体，业主势必会充分利用内部资源，将一些主要的工程作业委托给集团内企业，从而使项目参与主体不仅通过市场界面上交流，还在一定程度上通过内部行政力量的作用来确保合同的有效执行。因此，本书所分析的项目准市场组织结构中，各参与主体均是独立法人，主体之间有较正式的经济联系，主要是规范的契约性联结与资本性联结，侧重于企业间的准市场组织，不包括企业内部的网络组织，分公司没有独立法人地位的 U 形企业集团和 M 形企业集团。

2.2　项目跨组织合作创新理论

2.2.1　工程技术创新

1. 工程技术创新的内涵

每一个工程项目都是独一无二的，这就决定了项目建设本身就是创新的体现。而且，建设技术难题的克服和建设多目标要求的实现又加强了对技术创新的需求，项目参与主体会为了工程任务的高效完成而进行创新。工程技术创新是项目参与主体依托工程项目，围绕项目需求而展开的创新。对工程技术创新的理解往往是从项目目标完成或项目价值提升的角度展开，一切能够使项目价值增值的变革行为，包括在工程中引入新技术、新理念、新管理机制或集成现有技术都被认为是创新（张镇森，2014）。概括而言，工程技术创新就是通过创新关键技术，应用新技术、新工艺、新材料和新设备，并采用合理的管理机制，解决工程实际问题，最终实现工程目标、提升工程价值的过程。

2. 工程技术创新的特点

（1）需求导向性。工程技术创新是以需求为导向而展开的，需求是工程技术创新的动力和源泉。工程项目的实施过程中存在着大大小小的矛盾，矛盾的解决就有了创新的需求，这就明确了工程技术创新的方向。哪里出现了问题，哪里需要创新，需要如何创新，会有怎样的创新结果，这些问题都是由项目需求所引领的（张镇森，2013）。

（2）系统性。一方面，工程技术创新是一项系统性工作，涉及多专业、多阶段和多主体，各专业和各阶段的活动之间，各参与主体的行为之间都是相互影响的（谢洪涛，2010）。另一方面，工程项目的实施不仅与技术相关，更与管理相关，工程技术创新的实施，不仅要考虑如何实现技术创新，还要考虑如何通过创新，更好地实现项目目标。

（3）时间约束性。项目的成功实施是要求在一定时间内，完成各项工程任务，实现多目标要求，工程技术创新以项目为载体，就必须服务于项目的实施，因此，受项目特定时间的限制，具有明确的时间约束性（Seaden，2001）。

（4）实际应用性。工程项目的实施是由临时组成的项目团队在特定地点在计划时间内协同完成的，很多创新是各主体在项目层级上实现的。因此，工程项目所处的环境对创新具有重要影响，不同的项目中，即使同一技术都可能要采取不一样的应用方式，工程技术创新应根据现实情境选择不同的方案（张镇森，2014）。也就是说，工程技术创新要强调在工程中的实际应用性，针对项目实施过程中所遇到的技术难题，通过技术创新，将创新成果应用到正在实施的工程中，来解决矛盾和问题。

2.2.2　项目多主体合作创新

1. 合作创新的内涵

有关合作创新的内涵目前国内外还未给出统一的界定。国外学者主要采用研发合作、研究合伙、技术联盟、研发联合体、企业—大学联盟等概念，并指出，就本质而言，以分工为基础的一系列创新活动中，某一阶段有不同主体参与到创新过程中，就可认为是合作创新。

合作创新在国内得到了较普遍的采用。刘学（1998）将合作创新界定为独立的技术供需主体，基于合同事先约定的条款，在技术创新的不同阶段根据自己的优势投入所需的资源，实现技术创新活动组织与实施，并按既有约定进行创新收益分配和创新风险分担的全过程。傅家骥（2001）指出不同企业之间，或企业与科研院校之间开展联合创新的行为即是合作创新。简单来说，就是多个主体之间的一种有关技术合作的契约关系。通常而言，合作创新的前提是合作主体的优势互补，可共享资源；基础是合作主体具有共同的利益，可分担风险。合作创新的合作目标、规则和期限往往都是明确的，体现的是合作各方在创新活动过程中某些阶段或全部阶段共同投入、共享收益、共担风险。

有关合作创新的内涵国内外达成了一个基本共识，即多个参与主体包括政府、企业、科研院校等，在技术创新活动中某些阶段或全部阶段共同投入创新所需资源、共同分享创新成果，共同分担创新风险的行为，其中，作为技术创新主要受益者和实施者的企业是合作创新的主导者。

2. 项目跨组织合作创新的内涵

工程技术创新具有多主体参与的特性，其实质就是一种依托工程项目的合作创新。工程技术创新是项目参与主体在项目实施过程中，根据项目实际需要，利用自身优势，结合遇到的技术难题进行创新。各类参与主体拥有着不同的人才、资金、知识、技术等资源优势，工程技术创新通常需要由多主体临时组成的项目团队协同工作、联合攻关完成（Skibniewski，2013）。在项目合作创新过程中，各参与主体以契约和信任为纽带，通过合同中明确的各方责利和相互之间的信任，实现团队协同创新工作，或产学研有机结合，形成技术创新合作效应，促使建设工程的顺利推进。

以业主为核心，各主体共同参与是项目跨组织合作创新的关键特征之一，本书所重点关注的是纵向层面的项目跨组织合作创新，在项目建设期，表现为业主负责项目实施过程中的统筹与协调工作，参与技术创新并发挥主导作用，各参建单位在项目层级上各司其职，并根据项目需要积极实施技术创新。在这种项目跨组织纵向合作创新中，业主作为主导企业，主要任务是设计有关整个项目的激励机制，项目团队中的其他参建单位，如工程承包商则围绕业主的激励措施进行行为选择。工程承包商在项目跨组织合作创新过程中分别进行生产投入和创新投入，其中生产投入是由主体独立完成相应的生产任务，而根据项目需要开展的创新投入，可以是主体的自主行为，也可能涉及与其他参建单位之间的横向合作创新。大型复杂项目建设过程中所面临的一些关键技术难题，有时依靠单个主体难以攻克，需要不同主体协同攻关。因此，在工程承包商的创新投入中，还可能包含与其他主体的横向协同创新，即与其他工程承包商、设计单位或科研院校等按照合同约定的方式，就某施工技术、工艺、工法等展开协同攻关，从而实现优势互补、共享创新成果。

3. 项目跨组织合作创新的主体识别

在项目合作创新过程中，不同参与主体发挥的作用不尽相同，业主是主导者，工程承包商主要作为技术导入者，科研院校则作为技术支持者（谢洪涛，2010）。

（1）业主。作为工程技术创新的主要受益者和倡导者，业主在项目合作创新过程中必然也起主导作用。业主以提升项目价值为目的，参与工程技术创新，给予资金支持；并主导创新的全过程，以其拥有的绝对控制权和领导权，设计相应的激励约束机制，引导参建单位的创新行为。

（2）工程承包商。工程承包商在项目合作创新过程中的行为主要表现在：按照设计要求完成所承担的工程任务；为突破项目建设过程中的施工难点，为更好地完成项目目标，实施新技术、新工艺的研发和采用，或引入外部已有的新设备、新材料。在项目合作创新过程中，工程承包商是技术导入者，负责工程技术创新具体事务的实施，包括具体创新活动的开展和外部新技术的引入，目的是符合业主要求、满足项目需要。

（3）科研院校。科研院校参与项目合作创新的方式有两种，一是直接与业主合作开展一些基础理论或共性技术的研究，为其他参建单位的创新行为提供技术支持；二是与工程承包商合作，共同攻克项目实施过程中面临的技术难题，或为工程承包商提供技术服务。

4. 各主体参与项目合作创新的动机

在项目合作创新过程中，各类参与主体因具有不同的地位，不同的获利方式，合作创新的动机及影响因素也因此各不相同。

（1）业主合作创新的动机及影响因素。业主希望项目目标能得到高效完成，但又希望减少成本。由于工程项目的目标包含质量、安全、投资、进度、环保等多个方面，在大型复杂项目实施过程中，过去的技术和工艺有的情况下不能综合实现这些目标，技术创新有助于在项目质量要求得到满足的前提下，降低成本、缩短工期等，因此，合作创新成为一种必然选择，业主有合作创新的需求，且推动力较强。影响业主合作创新动机的因素主要有两个方面。首先，业主的创新管理能力是影响合作创新成效的关键因素，因为作为主导者其行为决策受其影响，这将决定合作创新能否达到预期的效果。其次，对参建单位的评价是影响业主合作创新动机的又一个重要因素，因为参建单位的创新能力和创新努力投入情况将对合作创新成效造成直接影响。

（2）工程承包商合作创新的动机及影响因素。工程承包商合作创新的动机来自其对短期和长期利益的考虑。短期而言，通过创新在当前项目中获得更多的收益，即受项目需求的推动，为解决工程实践中的技术难题，以更好地实现项目目标，从而获得更多的收益。长期而言，通过创新获得更多的竞争优势，即为了满足自身发展需要、提升自身竞争力及取得行业主导地位。影响工程承包商合作创新动机的因素主要在于其合作创新行为获得的利益大小，以及其合作创新行为投入成本大小。工程承包商合作创新行为的获利仍是从短期经济利益和长期市场业务来体现。一是随着工程承包商技术创新行为的展开，提高更优的服务后获得的额外利润；二是工程承包商良好的合作行为可从业主处获得的更多业务，以及其高层次技术创新使得竞争地位提高，从而增加的市场份额。工程承包商合作创新行为的投入则与其创新能力直接相关，创新能力越强，进行技术创新的难度就越小，其开展合作创新的积极性就越高。

工程承包商与业主之间的合作创新及相应的管理机制存在着多种可能发生的合作风险，同时，工程技术的专用性、项目组织的临时性更是加大了合作创新的风险。但风险是可分担的，根据各类主体不同的风险承受能力，合理分担风险，可最大限度地降低风险。因此，对合作创新的管理至关重要，要实现合作创新的成效，就要求业主要重视工程承包商的技术创新行为，并通过恰当的管理机制来激励与约束。本书就是重点讨论业主如何通过构建科学的协同合作机制、激励约束机制，建立良好的创新环境，突出各参与方在技术创新中的主体地位和责任，激励其增强创新意识，加大创新投入，最终实现项目目标。

2.3　演化博弈理论与方法

2.3.1　传统博弈论的弊端和演化博弈论的兴起

博弈论是应用数学学科的一个分支，主要是以参与者的效应函数为依据来对各理性参与者策略选择进行研究，用以解释存在潜在冲突的多个参与者之间的交互式决策过程，为协调各参与者之间的冲突提供解决措施。参与社会、经济事物活动的主体，其行为中广泛存在着各种各样的交互关系，众多的交互关系及其所包含的内在规律可通过博弈模型来描述和揭示。因此，博弈论从 20 世纪 80 年代开始，逐渐成为经济学最核心的内容，而且还在其他诸多学科领域得到了广泛且成功的应用。

传统博弈论的研究是建立在一定的严格假设框架之下的，这些假设一般由四个方面的要素构成：两个或多个参与者；可供参与者选择的策略集；参与者进行博弈所依据的规则和获取收益所依据的支付函数；参与者策略选择规则。非合作博弈纳什均衡是传统博弈中最著名的概念，这一概念由纳什提出，主要是假定博弈参与者都是完美理性的，且拥有的知识信息相同，各参与者的策略会趋于向同一个均衡点演化，没有参与者可采取该均衡点以外的策略而获利更多，因此，各参与者均会选择该均衡点上的策略。纳什均衡往往并没有使系统的整体状态实现最优，因为通常而言，各参与者在进行策略选择时会以最大化自身利益为原则，系统整体利益往往被忽略。

　　传统博弈论构建的分析框架中参与方均为完全理性，因此，对效用函数极值问题的求解即是对该类博弈问题的求解。但现实中，博弈参与方要达到完全理性状态是十分不易的，而且，参与方是否选择某一策略，不仅由自身单方面的策略选择所决定，还受对手策略选择和其他不可控因素的影响，因此，在许多情况下最优策略可能并不存在。这就使得获得了巨大成功的传统博弈论所隐含的理性局限性问题逐渐暴露了出来。

　　史密斯（Smith，1993）在继承传统博弈论的深刻思想上，基于传统博弈论存在的不足，设定博弈参与方无须具有"完全理性"的情况下，提出了能更好地描述现实世界，更好地说明主体行为的演化博弈论。演化博弈论来源于遗传生物学研究者对动植物行为的分析，这些研究者用博弈论来解释动植物的演化结果，大部分研究的展开并没有基于理性假设的提出。演化博弈论的研究对象是群体，从有限理性的个体出发，认为真实个体的行为并非最优，个体决策的实现主要是通过一系列动态过程，如个体之间模仿、学习和调整等。演化博弈在模型中纳入系统达到均衡结果的过程，并且重点强调这一渐进过程最后对系统演化的均衡选择问题做出良好解决。人们在复杂的经济社会环境下进行行为决策时，越明显地显现出理性局限性，从而更突显了演化博弈论的优越性。

2.3.2　演化博弈论的特点与演化稳定策略

　　与传统博弈论的区别是，演化博弈论的参与者是非完全信息的，博弈结构和规则的知识参与者并不全部拥有；而且参与者是非完全理性，参与者的策略是依据特定的博弈结构和规则，随机从群体中选择一部分参与者，然后按照一定的传递机制给定相应的策略。参与者在交互过程中所采取的策略是相对固定的，而参与者究竟采取其中哪一种策略则视其适应度而定。适应度函数就如同经济学中的效用函数，主要由群体规模和不同策略的选择频率决定。

如同纳什均衡在传统博弈论中的重要地位，演化稳定策略（Evolutionary Stable Strategy，ESS）是演化博弈论中最重要的概念。如果群体中的每一个个体均采取了一个相同的策略后，其他的策略就没办法再侵入这个群体，那么，个体所采取的这一策略即为演化稳定策略。这是一个弱化的最优化概念，仅是从相对意义上寻求所谓的最佳策略，而非强调绝对意义上的优化。当群体中的个体均采取演化稳定策略时，所有可能的变异策略其适应度都不会超过演化稳定策略，只有满足这条件，群体才不会被其他变异策略侵入，不然，群体就会有变异策略侵入，削弱甚至取代原策略。

工程承包商是否选择与业主进行合作创新的决策，同样是一个模仿学习和不断调整的动态过程，不可能达到传统博弈论的"完全理性"。因此，项目参与主体合作创新的行为演化是复杂的，需要逐渐达到均衡状态，而非一次行为决策所能实现的。应用演化博弈论研究项目跨组织合作创新行为的动态演化过程是可行且恰当的。

2.3.3 演化博弈理论应用中的基本假设和限定

演化博弈的研究也包含着一定的假设和限定。

（1）博弈方有限理性的假设。有限理性一般包括惯性、近视眼和试错法三个要素（青木昌彦，2005）。演化博弈的参与者每次参加博弈都要采取给定的某种策略，改变策略往往会增加成本，因此，每一回合的博弈中，并不是所有个体都会改变策略，但总有一部分个体会改变策略，以致群体的策略分布逐渐改变，这种过程即称为惯性。个体总是以群体当前的策略分布为已知信息，将自身的策略变为相对的最优策略，但群体中其他部分个体也改变了策略，那么相邻个体的策略分布就会发生变化，因此，以当前的策略分布为已知信息而改变的策略并非真正的最优策略，参与者对这种情况不予考虑，这种行为即称为近视眼。现实世界存在策略分布变化缓慢，惯性发挥着作用的情况下，近视眼的行为也是合理的。群体中不乏个体具有革新意识，他们会对不同的策略做出尝试，而非仅拘泥于最佳策略；以及每一回合的博弈中，均会出现一些个体发生替换，其中可能出现一些新生代，他们会采取不太适应现状的新策略，这样一次次将既存策略分布打乱的过程就是试错法实验。

（2）群体内随机匹配的假设。演化博弈论假定参与者众多，可以是有限多个参与者，也可以是无限多个参与者。每一回合博弈的参与者都是通过随机抽样选择出来的，然后被选出来的个体按照之前设定的规则博弈，并得到相应的收益。上述过程随着时间的延续重复进行，就有些类似于重复博弈。但重复博弈中的参与者是固定的，并且熟知各自以往所采取的策略，参与者是理性的，会基于以往的经验决定采取何种策略。在演化博弈中，则假定参与者是随机的，并且参与者对于与其他某一参与者之间的博弈并无记忆，他们主要根据系统中采取不同策略的个体的比例来选择新的策略。

（3）策略分布的假设。策略分布就是系统中采取各种策略的个体的占比情况。当策略分布已知时，就可计算出某个体在采取特定策略时的期望收益。假设人们的行为和利益可以根据限定的形式进行观察，一般地，一个人在采取行动之前都要首先观察其他人的行动。通过这样的学习与模仿，系统中就会有更多的个体采取能获得高期望收益的策略。但是，系统中所有个体都按照这种计算，迅速向最优策略改变是很难实现的。我们将仅因惯性和近视眼而进行策略演化的反应机制成为最优反应动态。那么，用演化博弈论来对社会中将会产生什么样的习惯，形成什么样的规则或制定什么样的制度进行描述和预测是十分有效的。

概括而言，演化博弈就是一种形式化模型，这种模型的形成是基于演化背景下个体间的交互作用。模型中参与者的策略是一种遗传物质，可依据一定机制传递。在人们的策略演化过程中存在惯性，这意味着可能受不完全信息、有限理性或调整成本等因素的影响，群体行为不会非常剧烈地变化。个体由于交互的博弈而产生收益，在类似自然选择的机制下，长期而言，低收益策略将逐渐变更成高收益策略。单一个体的策略不能对其他主体的行动造成系统性的影响，这一点的成立主要基于大规模个体的"近视"，将其归类到有自然参与的博弈下，还可有效区分演化博弈与那些具有触发策略威胁的重复博弈（Friedman，1998）。

2.3.4 演化博弈模型的基本算法框架

演化博弈从一个初始化的群体开始，然后进行多轮的演化。由多种初始化的方法，如通过随机选择确定个体的策略，或是按照某个概率分布设定整个群体的策略分布，在初始化时赋予群体中个体某一策略。而演化则一般包括以下步骤（李一啸，2010）。

（1）个体在博弈中获得适应度，个体与其他参与者进行交互作用获得的收益。

（2）通过一定的选择机制选出一定的个体。

（3）选出的个体选择新的策略。

（4）个体策略发生变异，该步骤能较好地描述演化中的突变机制，当在某些特定机制下，突变为合作策略的极少数个体比其他个体的适应度高，选择合作策略的个体就将会更多，从而促成了合作的涌现。

2.4　多主体建模与仿真方法

数值模拟仿真的方法常常被用于演化博弈和委托代理模型中，用以分析模型中参数取不同初始值的情况下，选择各种策略的个体的比例变化情况，从而对演化均衡的稳定性进行验证和分析（殷辉，2014）。多主体建模的方法是由下向上的，将演化博弈模型中定义的对象抽象为相同类型或不同类型的主体，每个个体在历次博弈过程中，根据自身属性、所处环境和既定的博弈规则，通过学习和模仿，对自身的策略不断做出修正，以获得更多的收益，直到演化系统达到稳定状态。

2.4.1　多主体建模与仿真方法的介绍

多主体建模与仿真主要是研究随着时间的推移各种决策对系统演化结果的影响，解释复杂适应系统中的涌现现象。多主体建模与仿真，首先，是在微观层面上建立起简单主体模型，其次，设计计算机程序代码对这些主体的行动和主体间的交互过程进行客观描述，最后，通过仿真揭示主体的演化规律，对系统的客观现象进行研究（Garcia，2005）。模型中，每个主体都具有一定的自适应能力、学习能力和行为偏好等，并按一定规则行动，由各行为主体构成的整体则有序运转，反映出系统的演化规律。该方法可对过去意想不到的现象做出解释，对当前现实社会中的问题做出分析，及对未来可能发生的情景做出预测。

多主体建模与仿真是一种"思想试验"方法，是通过一系列假设将现实问题简化后对相关问题进行研究。该方法主要是为了分析假设条件下模型中主体的行为决策和主体间的交互，而非对某个定理进行验证；主要是研究交互过程的本质所在，而非对现实世界的经验条件进行机械性地再现。多主体建模与仿真可对模型中的仿真数据进行归纳分析，这些数据来自一套明确且严密的规则，而非现实社会中的观测值（魏江，2005）。为决策人员提供依据是建模与仿真的目的，归纳是为了发现数理模型，演绎则是为了推理出基于假设的逻辑结果（蒋军锋，2008）。

多主体建模与仿真方法可结合研究主题，通过计算机编码设计相应的情景模型，分析参与主体的行为特征，研究系统的演化规律。该方法可克服用实验方法研究管理学问题所面临的一些限制，被认为是解决复杂系统有关问题的一种有效的建模方式和有活力的仿真方法，不仅广泛应用于经济系统、自然现象、人工生命等研究领域，在社会学和管理学的研究中也发挥了重要作用。

2.4.2　多主体建模与仿真方法的流程

多主体建模与仿真方法适用于对反应现实世界的系统中整体行为的猜想的定性或定理的验证。一般按照如下流程来展开问题的研究。

（1）问题的提出。根据研究背景，提出研究问题，然后以预期的研究目的为依据，将研究问题的边界界定清楚，并明确研究问题有哪些要素构成。

（2）系统抽象层次的确定。模型的构建需要多少信息量主要取决于系统抽象层次，层次越具体，需要越多的信息来构建模型。

（3）仿真目的确定。明确期望通过建模与仿真达到什么样的目的。

（4）评价标准的制定。制定评价仿真结果是否达到预期的标准。

（5）仿真模型的构建。构建的模型包括三个要点，一是系统的构成主体；二是各主体所属种类、具有的属性和可选择的行为；三是主体间的交互作用，这些都以对所确定的抽象层次的分析为基础。

（6）仿真参数的确定。给定模型的初始条件，确定模型中的各类参数取值。

（7）模型仿真。通过编程设计仿真程序，然后输入相关参数运行模型，直至达到终止条件时结束。

（8）对仿真结果的分析。导出仿真结果数据，并根据评价标准分析和评价仿真结果。

（9）对仿真结果是否与预期相符的判断。如果模型运行结果不符合现实世界的情况，应返回到"（2）系统抽象层次的确定"，重新按流程进行，直到得到满意的仿真结果。

（10）理论的抽象。当模型运行的输出结果符合预期时，说明在某种程度上，现实社会系统的运行规律能够用该模型来揭示。那么，可对反复多次实验所得到的结果进行分析，以发现模型所反映的宏观现象，推断出现实社会系统的运行规律，从而概括出相关行为理论。

2.4.3 项目跨组织合作创新多主体建模的研究框架

基于多主体建模与仿真的项目跨组织合作创新研究是综合多学科理论与方法，通过顶层设计、理论分析、演化实验等，形成项目参与主体合作创新管理决策制定的理论依据。基于多主体的建模与仿真，其模型主要由"情境""规则"与"秉性"三个核心部分构成（李真，2012）。项目跨组织合作创新多主体建模的"情境"是提炼出的研究问题所依赖的工程实践；"规则"可以是工程管理的制度文件，也可以是通过问卷调查及深度访谈收集的资料，前者反映出主体间的交互关系，后者反映出主体间的影响因素；"秉性"可以是主体拥有的资源情况，也可以是主体的行为特征。

采用多主体建模与仿真方法研究项目跨组织合作创新问题具有明显优势。在研究项目跨组织合作创新问题时，收集的相关资料大量是定性的，因此，有关研究多是基于对个案的经验与总结来展开的，不易形成普适性和规律性的结论。基于多主体建模与仿真的研究可以将合同、制度文件或专家经验等定性资料转化为计算机流程和模型运行规则，该方法将定性与定量的方法相结合，具有高度的抽象性和概括性，能得出具有普适性和规律性的结论。

用多主体建模与仿真的方法研究项目跨组织合作创新问题，能更好地服务于项目管理实践。该方法主要是根据研究背景构建起研究问题，然后遵循多主体建模与仿真的研究范式，针对该问题建立起模型，最后进行演化分析。首先，在确定了研究问题后，需要描述项目参与主体所处环境和行为条件，需要确定业主激励机制和收益、工程承包商的技术创新成本和收益等基本属性，即根据研究问题选择性地构造基本假设。在本书的研究中，亲缘利他偏好对主体行为决策具有重要影响作用，对这一社会偏好的假设更符合现实情况。其次，在基本假设的基础上，根据研究问题构建起计算机模型，包括主体对象模型、环境模型，以及主体间交互规则等。最后通过业主与工程承包商之间合作创新过程的动态分析，研究业主的激励机制和主体的社会偏好对合作行为、合作效果等方面的影响，寻找业主更加有效的激励策略。

2.4.4　不同仿真方法的比较及仿真工具的选择

通过对现有文献进行归纳整理，得到多主体建模与仿真方法及以数学方程为基础进行建模的传统仿真方法的主要区别与联系（方美琪，2005；任传俊，2011；丁绒，2013），如表 2.2 所示。

表 2.2　　　　　　　多主体建模仿真方法与传统方法的比较

比较项目	基于多主体建模的仿真	基于数学方程建模的仿真
确定性	随机的	确定的
环境角色	与环境交互	给定环境

比较项目	基于多主体建模的仿真	基于数学方程建模的仿真
基本元素	由适应性的主体组成	由方程式组成
建模基础	构造具有简单行为的主体，主体行为能够细致地描述，主体之间的交互即反映模型的复杂行为，用以描述客观真实世界	清楚界定模型的所有规则和关系，这任务往往不能够完成，只能运用简化方式来描述客观真实世界
建模方式	自下向上，建模对象是底层主体的属性、行为和决策规则等	自上向下，建模对象是元素或子系统间以及它们与环境之间的相互作用
运行方式	主体的交互过程	方程式的计算和求解过程
关注层次	系统中的主体，以及主体之间的行为交互关系	系统中的关键变量，以及变量之间的数学逻辑关系

资料来源：笔者根据文献整理。

在研究亲缘企业间的合作创新问题时，仍采用了基于数学方程建模的传统仿真方法，并选用了 Matlab 这一仿真软件。

Matlab 是由美国的迈斯沃克（MathWorks）公司开发的一个科学与工程计算平台，它以数组为基本的处理对象，矩阵运算功能十分强大。同时，Matlab 是一个开放性的系统软件，拥有模块化的结构，平台的任何用户都可以将自己已定义的函数保存为 Matlab 函数进行调用。此外，Matlab 中动态仿真环境的提供，可以使各种动态系统的直观建模仿真分析得以实现，而且不管是连续的系统，还是离散的系统都能支持，从而将复杂系统的仿真简单化。

计算机技术发展迅猛，使得多种基于多主体建模与仿真方法的软件逐渐出现，它们具有强大的使用功能及人性化的操作界面。目前，基于多主体建模与仿真的工具中，swarm、repast、netlogo、starlogo、ascape 等比较具有代表性，他们各自具有不同的建模特点。在研究考虑业主补贴的亲缘企业间合作创新问题时，主要采用 Netlogo 软件来对系统的运行过程进行仿真，设定主体的行为规则，观察主体间的交互作用，然后从微观层面个体的行为选择揭示出宏观层面系统的演化结果。

Netlogo 是由美国的乌里·威伦斯基（Uri Wilensky）教授兴起，由美国西北大学网络学习和计算机建模中心推出的。Netlogo 软件主要是一个通过编程构建数学模型来对社会与自然现象进行模拟的平台。Netlogo 软件自带模型库，用户使用该软件可改变设置条件，控制仿真模型中的主体，进而进行探索性研究。

Netlogo 这一多主体仿真软件，对于模拟随着时间的推移而动态演化的复杂系统是适用的。首先，该模型制定主体之间、环境之间、主体与环境之间相互作用的规则，其次，向群体中的各主体发出运行指令，最后，通过观察微观层面主体的行为演化来对宏观现象进行推演。因此，它使得研究者可以将微观的个体行为与宏观模式相结合来对问题进行探讨，多个个体之间的交互作用即反映了宏观现象。

第 3 章

准市场组织下跨组织合作
创新的理论分析框架

3.1 引　　言

在人类生产活动中，既存在着投资额度小、建设周期短、技术简单的项目，也存在着投资额度大、建设周期长、技术复杂的项目。对投资额度大、建设周期长、技术复杂的项目，业主单凭自身力量难以完成项目的各项工作，需要通过融资手段去进行资金筹集，也需要通过工程发包去寻求合作单位，形成一种新的合作关系结构。本书所关注的就是在合作关系结构中，业主与具有不同知识、技术、资源、专业的工程承包商组成项目团队，开展跨组织合作创新。而且，由于大型复杂项目的投资主体除政府外，主要以建立了现代企业制度的国有企业为主，在项目的建设过程中，业主不仅要从外部引入先进的专业队伍组建项目团队，还会充分发挥下属企业的建设能力，将一些主要的工程作业委托给下属企业完成。由此使得众多参与主体通过市场或科层等方式进入项目团队,通过不同纽带组成大型复杂项目建设的准市场组织结构。各参与主体的合作行为与其在项目组织结构中的节点位置,主体间的联结方式和联结强度,主体间在交往过程中所形成的信任、互惠、承诺、认可等关系,以及各自的目标要求密切相关。

有关准市场组织下合作的研究很少涉及项目团队合作,主要是对准市场组织下合作行为的有效性和无效性的分析,以及通过承诺、契约、信任、竞争等抑制机会主义行为的分析(Ling,2007)。有研究者认为准市场组织下的合作具有有效性,准市场组织能够有效地抑制机会主义行为,促进成员间展开持续稳定的合作。但也有人提出准市场组织下的合作可能存在无效率的现象,准市场组织所依赖的以信任、亲缘等为基础的隐含契约甚至可能加大成员合作的不稳定性(Kähkönen,2010)。由此难以回答特定制度安排下影响项目参与主体合作创新行为的特有因素是什么,如何解决各参与方追求项目整体效益和实现自身效益最大化的有机统一等问题。进一步分析大型复杂项目的组织结构是如何演变的,特定准市场组织如何作用于工程承包商的行为选择,业主如何设置激励机制来创造促进工程承包商合作创新的条件等问题,将对项目团队合作问题的研究提供有益补充。

3.2　大型复杂项目组织结构的演变

准市场概念最早由威廉姆森(1979)提出,他认为传统的"企业替代市场"的观点不完整,介于企业和市场之间还存在一系列中间经济组织形式，即准市场组织。准市场组织一般被认为是通过企业纵向等级结构与市场平行结构的相互渗透与融合而形成的企业间关系的一种契约安排，狭义而言，就是指嵌入了科层关系的市场关系。根据孙天琦（2001）的分类，企业间准市场组织主要有H形结构和N形结构，H形结构是企业集团的一种，它以产权管理为主，各个参与企业都是独立法人；N形结构是最接近市场的组织形式，参与企业之间以契约管理为主，关系较为松散，如合作生产、分包制和战略性联盟等。

环境的不确定性和国家的经济转型使得我国大型复杂项目的组织结构逐渐演变成一种准市场组织结构。如图3.1所示，在计划经济时期，生产经营各项活动实行高度的计划管理，各单位都围绕统一下达的生产计划来完成工作任务。20世纪90年代初期，随着内外部条件的变化，各国有企业深化改革、转换经营机制，相继营造和建立了内部市场，将一些工程技术服务作为交易客体，以市场运作的方式在具有模拟法人地位的内部单位间进行交易。内部市场不作用于企业外部，仅调节内部单位的行为（雷涯邻，1998）。这种情况下，项目的组织实施主要通过行政指令的方式实现。对内部企业部门间协作的管理主要反映在激励约束机制设计。

2000年前后，国企通过交叉重组成立了各集团公司，随后，集团公司为优化资源配置、提高效率、增强竞争力，进一步实施内部重组改制，分别成立了专注于核心业务的上市公司和从事辅业、为主业公司提供相关工程服务的存续企业。随着越来越多的项目表现为需要多专业、多工种密切配合的系统工程，项目的实施主要通过多主体合作创新完成，由具有不同技术资源、涉及不同专业业务的主体分别承担各项工程作业，共同完成项目的技术创新和建设任务。过渡期出于对存续企业的保护，以及对存续企业在队伍、施工、技术、管理等方面优势的考虑，项目业主往往优先选择与集团所属企业合作。这种情况下，项目组织结构是以股权和契约为纽带的 H 形准市场组织结构，各参与主体既隶属于同一企业集团，又都是独立法人，主体间的业务关系虽是契约关系，但仍包含科层关系。对存续企业合作创新行为的管理主要体现在委托代理关系和亲缘关系的处理以及信任机制的设计方面。

市场经济的深入发展使得市场适度开放，同时，大型复杂项目风险大、技术要求高，需要大量的资金投入和不断的技术突破，要求引入先进的专业队伍和技术参与竞争。原有建立在历史关系上的合作关系被新进入企业打破，业主因此主要面对从原来企业经过改制而形成的存续企业和新进入企业两类合作对象。这种情况下，项目组织结构就可能具有两个层次，外部的业主与新进入企业通过市场交易的契约关系形成的，以及内部的业主与集团内企业通过市场交易的契约关系和股权结构的科层关系共同作用形成的项目组织结构，即是存在亲缘企业的 N 形准市场组织结构。对两类工程承包商合作创新行为的管理主要体现在委托代理关系和亲缘关系的处理，信任机制和惩罚机制的设计，各工程承包商之间竞合关系的利用方面。

由此可见，我国大型复杂项目跨组织合作创新实质是处于地缘、亲缘、产权、技术、人事和合同契约等不同纽带联结的特定准市场组织下。有必要以准市场组织为着眼点，澄清合作界面及参与主体间的关系，分析合作环境的特殊性对合作创新的影响，探讨促进参与主体间持续互利合作，保证业主投资效益，激励工程承包商提高创新效率的措施，并提出相关理论命题（见图 3.1）。

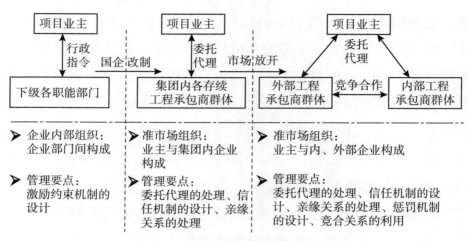

图 3.1　大型复杂项目组织结构的演变

3.3　基于亲缘关系的项目跨组织合作创新行为

经国有大型集团公司改制重组剥离出来的存续企业在相关工程领域积累了丰富的实践经验和明显的技术优势，项目业主往往会充分发挥它们的优势，将工程作业委托给它们完成，由此，业主与存续企业就通过契约关系和亲缘关系组成了项目团队，它们之间的合作是一种基于亲缘关系的合作模式（见图 3.2）。亲缘关系体现在业主与工程承包商犹如生物体拥有共同的基因一样，隶属于同一集团母公司，拥有同一投资主体，只是在股权结构上有所不同，集团母公司为一整体上市公司或全资国有公司，业主为集团母公司的直属或控股子公司，而工程承包商则为集团母公司的全资子公司；它们在业务上具有优势互补性，仍保持着长期业务合作关系，主业公司为存续企业提供发展的空间，存续企业为主业公司提供辅助服务，只是业务交往由原来的内部分工转变为市场交易；它们在感情上仍有着千丝万缕的关系，就如原本的大家庭变成了分家独过。

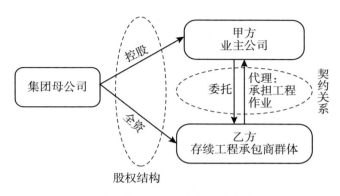

图 3.2 具有亲缘关系的项目参与主体间合作创新模式

亲缘利他行为是个体为提高整体适合度而牺牲自身适合度的行为，是基于"亲缘关系"的合作演化的基础。在不信任行为占主导的复杂社会内，亲缘关系是启动信任的主要方式，对合作行为的选择发挥着重要作用（刘鸿渊，2012）。亲缘型合作者之间存在着共同的利益和目标，能够显著减少合作过程中的利益纠纷和冲突，促进稳定合作关系的形成（温芳芳，2013）。而且，契约关系和亲缘关系的重叠有助于保护各参与主体具有较大价值增值作用的核心技术资源和创新能力，亲缘主体间关系密切、合作频繁，有助于信息的交流、技术资源的利用以及创新风险的降低。然而，亲缘关系带来的副作用也可能阻止主体间协作的演化。各参与主体同属于一个集团公司，业主可能只是监督工程承包商是否按设计进行，有时甚至可能不得不默认工程承包商的各种变更；而且监控的权利被置于另一关联方，而有些单位可能不会真正为业主把关，从而使业主缺少对工程承包商的有效监控，难以实现质量的优化。这正如帕克赫（Parkhe，1993）所认为的，相互依存的需要与行为的不确定性交叉作用使机会主义产生了。因此，有效促进亲缘利他行为，促进内部企业在项目实施过程中共享复杂知识，创新复杂技术；抑制机会主义行为，抑制内部企业利用亲缘关系来谋取私利，保证参与主体有足够的动机去追求项目整体效益，是在基于亲缘关系的准市场组织获得高协作效应的前提。

一方面，项目参与主体的行为选择主要取决于不同行为选择的期望效用的大小。工程承包商的合作创新行为主要表现为提高努力程度，优化技术方案、推进技术创新、应用先进设备等。因此，其选择合作创新行为将面临技术创新成本、创新风险和技术溢出等一系列负的效用。业主必须建立正式的制度安排和规则，在报酬合同中引入激励机制，与工程承包商共享超额收益，充分调动其合作创新的积极性；对工程承包商的技术创新投入做出补偿，引导其行为决策符合业主要求和项目需求（王广斌，2011）。另一方面，感情纽带联结的合作主体还会基于相互的信任水平，从主观意愿出发进行自我约束行为。正如诺斯（1994）所认为，亲缘联结所形成的合作，提供了一个是值得按合约行事的框架。业主和存续企业都与共同的第三方相联系，第三方能够意识到他们的行为，并可以发挥信息通道和指代的作用，在这一框架下，合作主体往往会通过长期合作逐渐建立起信任，形成共同认可的合作目标。此时，亲缘企业不只关注生产努力地投入，还重视创新投入，以满足项目实施对新技术的需求，促使项目价值增值。当然，亲缘关系并不一定促进工程承包商合作创新行为的实现，要合理利用亲缘关系促进亲缘利他行为的发生，进而提升工程承包商的创新投入。即是说，就理论而言，激励和信任可有效地促进亲缘联结的企业间合作创新行为的产生，但会受到技术创新的成本和风险，以及基于亲缘关系的利他偏好和信任关系的影响，那么，如果将他们全部纳入研究框架，则可提出如下理论命题：

命题 1：当合作预期收益和亲缘利他行为效用之和大于预估的创新成本与创新风险时，工程承包商会选择合作创新行为。共享超额收益将是激励工程承包商合作创新行为的有效措施，亲缘利他偏好及信任关系对工程承包商的合作创新行为具有促进作用。而且，较强的亲缘利他偏好和良好的信任关系，对超额收益共享的激励效果具有促进作用。

命题 2：创新成本和创新风险对工程承包商的合作创新行为具有阻碍作用，而且在创新成本和创新风险较大时，合作各方对合作产生的超额收益分配比例十分重视。与工程承包商共担风险，给予他们一定的成本补贴，可引导工程承包商的合作创新行为，还能在一定程度上提高超额收益分配机制的激励效果。

3.4　存在两类工程承包商的项目跨组织合作创新行为

随着我国工程项目日益呈现出投资量大、实施风险大、技术要求高等特点，而不少民营企业具有雄厚的资金实力，并从社会、高校引进大量人才，具备了进入一些工程服务市场的条件，民营企业也逐渐参与到工程作业的承担和工程服务的提供中来，项目组织因此由业主与存续企业和新进入企业两类工程承包商共同构成（见图 3.3）。

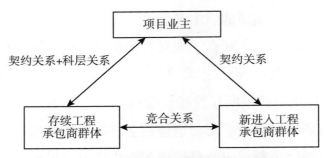

图 3.3 业主与两类企业构成的项目组织结构

　　亲缘关系的存在对存续企业合作创新行为的影响，在上一部分已进行了分析。过度的强调亲缘联结，可能使共享的技术信息较为雷同，使项目组织网络变得僵硬，并产生一种弹性限制，将对项目实施过程中技术难题的突破产生一定的抑制作用。项目的有效实施还有赖于对新进入企业技术资源的识别与运用。新进入企业与业主之间基于各种契约的弱关系，扩大了主体间阶层差异性和技术资源异质性。在多主体参与的项目团队中，新进入企业具有的异质技术资源对提高项目建设效益具有积极作用。但是由于外部企业与业主隶属于不同组织，缺乏长期合作关系，其可能基于自利思想，较多考虑短期行为，难以将有价值的技术资源应用于项目中。在这种情况下，业主主要依靠市场和契约的力量来约束工程承包商的合作创新行为。

　　首先，不同于亲缘联结的合作，新进入企业与业主之间并非一种长期的重复合作关系，而且，业主在工程承包市场有很多选择，同一行业系统内信息扩散又很快，因此一旦企业采取机会主义行为，不管是曾经合作的还是其他企业可能都不会选择与其合作。这是一种会使企业付出巨大代价的非制度惩罚，使新进入企业不会轻易选择不合作行为。其次，一些企业也可能利用大型复杂项目实施过程中存在很多不确定性的特点，视每一次合作为最后一次合作，利用信息的不对称采取机会主义行为。要抑制这种现状的发生，业主还必须设计惩罚措施，用制度来约束工程承包商的行为，项目组织的稳定性除依赖信任机制外还主要依赖于惩罚机制这一因素，一旦过程承包商的机会主义行为违背了契约，这种惩罚就起作用了。最后，并非有激励或惩罚存在，项目参与主体就会加强合作，放弃不合作行为，其行为选择的基础仍是获得的期望收益与可能付出的代价之间的比较。市场的开放引入更多工程承包商参与项目工程服务的提供，增加了哪一类工程承包商更愿意、更有可能积极合作的比较，增加了合作创新的不确定性。因此，实现不同类型工程承包商通过创新性工作完成复杂性项目的有效激励手段是关键。而竞争可作为一种促进有效合作的压力，因此，应充分考虑工程承包商之间在当期项目实施过程中的竞争和在未来市场上的竞争，可能对其合作创新行为以及对项目产出的影响，在工程承包商的经济报酬中纳入比较收益，在期望支付框架中纳入未来声誉，进一步分析激励、惩罚对工程承包商合作创新行为选择的促进作用，则可提出如下理论命题：

命题 3：对存续企业与业主的亲缘关系越密切、信任关系越强，说明其越会因亲缘归属感而采取亲缘利他行为，越会因相互间的可靠性而产生正向激励，从而更愿意选择合作创新行为。对新进入企业来说，不合作行为的非制度性惩罚力度越大，说明市场开放程度越大，业主可选择空间就越大；制度性惩罚越完善、力度越高，不合作行为的代价就会越高，为此，其越愿意选择合作创新行为。

命题 4：利用多个工程承包商之间的竞争关系来设计激励机制

也是一种有效措施。采取影响当期收益竞争的竞赛机制，当竞赛的奖励与惩罚程度足够，且奖惩差额越大，工程承包商越愿意选择合作创新行为，但创新风险、技术溢出的不确定性越大，工程承包商参与竞赛的动力就越小。因此还要结合影响未来业务竞争的信用评价机制，同一行业系统内信息传播越畅通，信用评价应用越广泛，工程承包市场竞争越激烈，工程承包商越会重视声誉效应，越愿意在项目实施过程中选择合作创新行为。

3.5　本章小结

大型复杂项目组织结构的构建越来越倾向于业主与存续企业，或者业主分别与存续企业、新进入企业建立起多重关系，形成不同纽带联结的准市场组织。本章分析了不同类型工程承包商在项目准市场组织结构下，受不同因素影响可能的行为偏好，据此提出了业主为创造促进存续企业、新进入企业合作创新的条件可采取的针对性激励措施（见表3.1）。

表3.1　基于准市场组织的内、外部工程承包商合作创新行为激励比较

主体	关系强度	行为偏好	业主激励点	业主激励措施
外部企业	契约关系	可能利用优质技术资源推动项目技术创新；也可能考虑短期行为	弱关系变强	加强沟通，给予更多可能的合作机会

主体	关系强度	行为偏好	业主激励点	业主激励措施
外部企业	缺乏信任	利用信息不对称采取机会主义行为	加大惩罚力度,或增强信任的积累	建立完善有力的惩罚制度,加大市场开放力度;或建立长期合作关系
	缺乏共同目标	为提升自身利益,可能对推进项目技术创新采取不必要或无法掌控的行动	用制度保证目标实施,统一目标	明确任务目标,完善考核制度;设定合理收益共享机制
内部企业	亲缘关系契约关系	有效创新和共享复杂技术,缺乏有效监控	强关系加强,避免过度嵌入	建立长期的稳定合作关系,适度寻求与外部企业的合作
	亲缘信任	从主观意愿出发自我约束行为	重视合作历史和信任关系的正向激励	基于亲缘信任,相对降低激励系数;持续发展合作关系
	有一致目标和共同信仰	会为共同的利益目标而努力,也会以自身的利益目标为出发点	统一目标,突出共同目标,利用共同信仰	制定合理的收益共享机制,给予一定的技术创新成本补贴,配以非制度活动

业主与外部承包商之间是一种基于契约关系的弱关系,有助于外部新信息的获取,实现更大范围社会资源的利用;业主与内部承包商之间是一种基于亲缘关系的强关系,有助于内部关键信息的传递,促进项目团队凝聚力的增强。除亲疏远近的差别外,参与主体是否会积极利用自身的优势资源促进项目目标的更好实现,还体现在不同的信任关系上,基于强关系的内部工程承包商与业主之间具有良好的信任基础,有助于合作行为形成;外部工程承包商由于信

任积累不足，合作行为难以形成。此外，没有共同的认知和统一的目标，项目团队合作均衡也不稳定。

因此，第一个方面，业主在构建项目组织网络时，应首先明确项目团队成员，界定清楚合作界面，既要强调组织内部的同质化，也要注重不同组织的异质性，利用强关系增强对内部关键资源的掌控能力，利用弱关系获取更多新资源。第二个方面，业主可通过加大制度性和非制度性惩罚力度，抑制新进入企业采取机会主义行为，或通过寻求与新进入企业建立长期的合作关系，建立起良好的互惠机制和信任机制，从而保障其通过整合企业资源，积极创新技术提高项目整体效益。可利用与存续企业之间的信任关系设计激励机制，并不断提高存续企业在项目组织结构的地位，激发其合作创新行为。第三个方面，可清晰地明确新进入企业的义务，并通过监督、考核和惩罚制度约束其行为，还可在一定程度上统一与新进入企业的目标，通过利益共享机制激励其行为。可提供一个明确的内部成员结构，利益亲缘关系设定共同的目标或达成统一的认识，并通过设置收益共享机制、成本补贴机制，实现共同关注项目整体效益。

相关理论命题还需在后续章节通过演化模型的构建与分析、仿真模型的构建与分析、实际案例的调研与分析来做进一步的研究和检验。

第 4 章

H 形准市场组织下亲缘企业间
合作创新行为研究

4.1 引　　言

　　大型复杂项目具有周期长、规模大、技术要求高、环境复杂等特点，因此往往需要多个组织合作完成，多职能跨组织的合作已成为大型复杂项目运作的趋势。而且，项目的设计标准高、地质条件复杂、安全受重视、环保要求高等多目标要求，使得项目参与主体之间的合作创新具有重大的战略与实际意义，不仅事关项目效益的提高，甚至事关项目的成败。跨组织项目团队合作作为组织间合作的一种合作方式备受重视，广大理论工作者分别从经济学、社会学、项目管理等角度进行了广泛研究，多是基于项目团队具有临时性，团队成员之间缺乏良好的社会关系而展开的。

　　然而，我国大型复杂项目的业主往往是具有技术领先优势和强大建设能力的国有企业。随着国企重组改制，业主所在企业集团本身就有多个下属工程承包企业。在大型复杂项目的建设过程中，业主通常会将一些工程作业委托给内部存续企业，以充分利用存续企业的技术优势和建设能力，为内部企业的发展创造条件。也就是说，项目跨组织合作模式存在一种特殊的亲缘型合作模式，参与主体虽是独立法人，却同属一个集团公司；项目团队除通过市场交易的合同关系，还基于亲缘关系来组织，如图 4.1 所示。项目参与主体的独立法人地位，可能使各主体的目标相向而行，甲方业主力求以低成本实现项目目标，乙方工程承包商为实现自身效益最大化则追求工作量，从而造成技术进步缓慢，影响项目的整体效益。然而，项目参与主体之间存在的类似人类社会普遍存在的亲缘关系，又会对主体间的信息沟通、技术共享、持续合作，尤其是合作创新意愿造成影响。如费孝通（1998）的"圈层结构"所认为的，中国人是以自我为中心逐渐向外确立与他人的亲疏关系，进而选择面

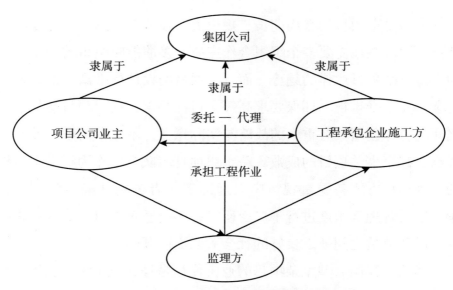

图 4.1　基于亲缘关系的项目跨组织合作创新模式

对利他情境时的合作行为。同属一个集团公司的亲缘企业间存在着利他行为，容易产生合作行为；只是作为独立法人的主体间亲疏关系小于 1，相互之间也潜藏着利益冲突，也可能存在着不合作行为（阴环，2010）。

那么，前述亲缘关系的存在是否对跨组织项目团队合作创新行为具有预测作用；亲缘企业间合作所依赖的以信任为核心内容的隐含契约是否会增强合作的稳定性；更进一步，项目跨组织合作的合作内容具体到技术创新，创新结果的不确定性和技术外溢成本的存在是否会影响建立在亲缘关系基础上的合作行为等有待解决的问题就凸显。因此，本章对亲缘关系情境下的项目参与主体间的合作创新行为进行演化分析，探讨亲缘关系会启动利他偏好和信任关系，从而促进合作行为的产生这一预设是否成立，同时将技术创新风险、技术溢出损失等因素纳入演化博弈的分析框架内，探讨它们对工程承包商的合作创新行为和业主的有效激励机制产生的影响。

4.2　亲缘企业间合作创新的演化博弈模型构建

4.2.1　场景设定

本章是对基于亲缘关系的项目参与主体间的合作创新行为进行研究。亲缘企业间的博弈是一种"非零和博弈"，可以实现双赢，且亲缘企业间的合作往往是长期的、重复的，因此参与各方的博弈行为往往并不改变其博弈结构。工程承包商的合作创新行为表现为提高工作努力程度，根据项目需要优化技术方案、创新关键技术、应用先进设备等，以完成或超额完成项目产量，确保或优化项目质量。项目参与主体之间将会在多个方面形成多维博弈，主体在决策时面对的是项目团队中其他所有主体，然而其基础却是两类工程承包商的博弈行为，我们记为第 1 类亲缘企业和第 2 类亲缘企业。

设定 1：企业的行为选择是不确定的，亲缘企业可能自私，选择不与业主合作，仅仅以一定工作量的完成满足项目基本目标要求；但也可能受亲缘利他偏好的作用，积极与业主合作，进一步通过企业内部资源的整合，工程技术方案的优化，关键技术的创新，先进技术装备的投入，实现与工程服务的动态印证与调整来提高项目效益（戴勇，2013）。亲缘企业不与业主合作时，仅付出生产努力 $a(0 \leqslant a \leqslant 1)$，与业主合作时还将付出创新努力 $b(0 \leqslant b \leqslant 1)$，且付出的努力程度越高，努力成本越大。借鉴阿切蒂（Archetti，2011）和韩姣杰（2013）等的相关方法，第 $i(i=1, 2)$ 类亲缘企业的努力成本函数 $C_i(a_i, b_i)$ 可表示为：

$$C_i(a_i, b_i) = \frac{1}{2} c_i (a_i^2 + b_i^2)$$

式中，c_i 为的努力成本系数。

设定 2：第 i 类亲缘企业为项目产出所做贡献，即其产出为 π_i，表示为：

$$\pi_i = k_i a_i + k_i \gamma_i (1 + \mu)^{n_i - 1} b_i + \varepsilon_i$$

式中，k_i 为生产系数；γ_i 为合作效应系数，表示工程承包商与业主之间的合作创新对产出的潜在影响（魏光兴，2007）。$(1 + \mu_i)^{n_i - 1}$ 为两者之间的信任关系、合作频率产生的正向激励，双方越信任，μ_i

越大，这种正向激励越大，且这种正向激励随着合作次数 n_i 的增大而理性递增（蓝庆新，2006）。ε_i 为外生不确定性因素对产出的影响，服从均值为零、方差为 σ^2 的正态分布。

设定 3：项目的总产出 π 由两类亲缘企业的产出 π_1、π_2 决定。其中，设 π^{00} 为两类企业均不合作时的总产出，π^{10} 为仅第 1 类亲缘企业合作时的总产出，π^{02} 为仅第 2 类亲缘企业合作时的总产出，π^{12} 为两类企业均与业主合作时的总产出。当至少有一类企业不合作时，项目的总产出即为两类企业的产出之和。当两类企业均与业主合作时，还将产生横向的协同效应，从而使项目获得更大的产出，项目的总产出 π^{12} 则表示为：

$$\pi^{12} = k_1 a_1 + k_2 a_2 + \xi \left[k_1 \gamma_1 (1 + \mu_1)^{n_1 - 1} b_1 + k_2 \gamma_2 (1 + \mu_2)^{n_2 - 1} b_2 \right] + \varepsilon$$

式中，$\xi (\xi \geqslant 1)$ 为两者均与业主合作时的横向协同效应系数。

设定 4：业主具有品质偏好，将采用超额收益分成的方式来促使各方共同关注项目产出，激励工程承包商积极合作创新。第 i 类亲缘企业的收益 R_i 则由固定收入和激励收入组成，表示为：

$$R_i = w_i + \beta (\pi - D)$$

式中，w_i 为固定收入，β 为超额收益分享系数，D 为项目基本目标要求，当 π 没有超过 D 时仅支付固定报酬。

设定 5：工程承包商在合作创新过程中，还将面临一定的技术创新风险和技术溢出损失。设第 i 类亲缘企业的技术创新风险为 F_i，表示为：

$$F_i = \theta_i b_i$$

式中，θ_i 为风险系数，与项目的不确定性和工程承包商规避风险的能力相关；第 i 类亲缘企业的技术溢出损失为 L_i，L_i 主要与该项技术是否容易被模仿或被溢出，及知识产权保护力度有关。

由此可得，第 i 类亲缘企业选择不与业主合作时的支付函数为：

$$R_i(\pi) - C_i$$

选择与业主合作时的支付函数为：

$$R_i(\pi) - C_i - L_i - F_i$$

设定 6：根据以汉密尔顿法则为中心的亲缘利他理论，亲缘企业可能以增加自身的努力成本为代价来提高项目的总产出。这主要基于亲缘企业付出的成本代价，能够通过由利他行为帮助业主提高项目产出而获得间接收益。也就是说，具有亲缘关系的工程承包商付出额外的创新成本，使项目产出增加 $k_i\gamma_i(1+\mu_i)^{n_i-1}b_i$，那么，借鉴汉密尔顿（1964）和王健（2009）的亲疏程度与亲缘利他效用的关系，如果用 $\lambda_i(0<\lambda_i<1)$ 表示与亲疏程度密切相关的亲缘利他偏好系数，亲缘企业因利他行为还将间接获得额外的收益 $\lambda_i k_i\gamma_i(1+\mu_i)^{n_i-1}b_i$。由此，当亲缘企业选择与业主合作时，其支付函数还包括外在的亲缘利他效用，用 U'_i 表示，$U'_i = \lambda_i k_i\gamma_i(1+\mu_i)^{n_i-1}b_i$。

4.2.2 模型建立

假设第 1 类亲缘企业在项目实施过程中采取与业主合作的策略概率为 x，则采取不合作的策略概率为 $1-x$；第 2 类亲缘企业采取合作策略的概率为 y，则采取不合作策略的概率为 $1-y$。由此可得到支付矩阵（见表 4.1）。

表 4.1　　　　　　　　亲缘企业合作创新演化博弈的支付矩阵

第1类 ＼ 第2类	合作（y）	不合作（$1-y$）
合作（x）	$R_1(\pi^{12}) - C_{1合} - L_1 - F_1 + U_1'$ $R_2(\pi^{12}) - C_{2合} - L_2 - F_2 + U_2'$	$R_1(\pi^{10}) - C_{1合} - L_1 - F_1 + U_1'$ $R_2(\pi^{10}) - C_{2不合}$
不合作（$1-x$）	$R_1(\pi^{02}) - C_{1不合}$ $R_2(\pi^{02}) - C_{2合} - L_2 - F_2 + U_2'$	$R_1(\pi^{00}) - C_{1不合}$ $R_2(\pi^{00}) - C_{2不合}$

4.3　亲缘工程承包商合作创新行为的动态演化分析

4.3.1　演化稳定策略求解

根据表 4.1 所示的支付矩阵，第 1 类亲缘企业采取合作策略的期望收益为：

$$U_{1合} = y\left[R_1(\pi^{12}) - C_{1合} - L_1 - F_1 + U_1' \right] + (1-y)\left[R_1(\pi^{10}) \right.$$
$$\left. - C_{1合} - L_1 - F_1 + U_1' \right]$$
$$= yR_1(\pi^{12}) + (1-y)R_1(\pi^{10}) - C_{1合} - L_1 - F_1 + U_1'$$

第 1 类亲缘企业采取不合作策略的期望收益为：

$$U_{1不合} = y\left[R_1(\pi^{02}) - C_{1不合} \right] + (1-y)\left[R_1(\pi^{00}) - C_{1不合} \right]$$
$$= yR_1(\pi^{02}) + (1-y)R_1(\pi^{00}) - C_{1不合}$$

第 1 类亲缘企业的平均期望收益为：

$$\overline{U_1} = xU_{1合} + (1-x)U_{1不合}$$

由此，第 1 类亲缘企业采取合作策略的复制动态方程为：

$$F(x) = \frac{d_x}{d_t} = x(U_{1\text{合}} - \overline{U}_1)$$

$$= x[U_{1\text{合}} - xU_{1\text{合}} - (1-x)U_{1\text{不合}}]$$

$$= x(1-x)(U_{1\text{合}} - U_{1\text{不合}})$$

$$= x(1-x)\{[yR_1(\pi^{12}) + (1-y)R_1(\pi^{10}) - C_{1\text{合}} - L_1 - F_1 + U_1'] $$
$$- [yR_1(\pi^{02}) + (1-y)R_1(\pi^{00}) - C_{1\text{不合}}]\}$$

$$= x(1-x)\{y[R_1(\pi^{12}) + R_1(\pi^{00}) - R_1(\pi^{02}) - R_1(\pi^{10})] $$
$$- [R_1(\pi^{00}) + C_{1\text{合}} + L_1 + F_1 - R_1(\pi^{10}) - C_{1\text{不合}} - U_1']\}$$

$$= x(1-x)\{y\beta(\xi-1)[k_1\gamma_1(1+\mu_1)^{n_1-1}b_1 + k_2\gamma_2(1+\mu_2)^{n_2-1}b_2] $$
$$- [\frac{1}{2}c_1b_1^2 + L_1 + \theta_1 b_1 - (\beta+\lambda_1)k_1\gamma_1(1+\mu_1)^{n_1-1}b_1]\} \quad (4-1)$$

同理，第 2 类亲缘企业采取合作策略的复制动态方程为：

$$F(y) = \frac{d_y}{d_t} = y(U_{2\text{合}} - \overline{U}_2)$$

$$= y(1-y)\{x[R_2(\pi^{12}) + R_2(\pi^{00}) - R_2(\pi^{02}) - R_2(\pi^{10})] $$
$$- [R_2(\pi^{00}) + C_{2\text{合}} + L_2 + F_2 - R_2(\pi^{02}) - C_{2\text{不合}} - U_2']\}$$

$$= y(1-y)\{x\beta(\xi-1)[k_1\gamma_1(1+\mu_1)^{n_1-1}b_1 + k_2\gamma_2(1+\mu_2)^{n_2-1}b_2] $$
$$- [\frac{1}{2}c_2b_2^2 + L_2 + \theta_2 b_2 - (\beta+\lambda_2)k_2\gamma_2(1+\mu_2)^{n_2-1}b_2]\} \quad (4-2)$$

针对第 1 类亲缘企业，令 $\frac{d_x}{d_t} = 0$，根据式（4-1）可得其复制动态稳定状态为：

$$x_1^* = 0$$

$$x_2^* = 1$$

$$y* = \frac{R_1(\pi^{00}) + C_{1合} + L_1 + F_1 - R_1(\pi^{10}) - C_{1不合} - U_1'}{R_1(\pi^{12}) + R_1(\pi^{00}) - R_1(\pi^{02}) - R_1(\pi^{10})}$$

$$= \frac{\frac{1}{2}c_1 b_1^2 + L_1 + \theta_1 b_1 - (\beta + \lambda_1)k_1 \gamma_1 (1+\mu_1)^{n_1-1} b_1}{\beta(\xi-1)[k_1 \gamma_1 (1+\mu_1)^{n_1-1} b_1 + k_2 \gamma_2 (1+\mu_2)^{n_2-1} b_2]}$$

针对第 2 类亲缘企业，令 $\frac{d_y}{d_t} = 0$，根据式（4 - 2）可得其复制动态稳定状态为：

$$y_1^* = 0$$

$$y_2^* = 1$$

$$x^* = \frac{R_2(\pi^{00}) + C_{2合} + L_2 + F_2 - R_2(\pi^{02}) - C_{2不合} - U_2'}{R_2(\pi^{12}) + R_2(\pi^{00}) - R_2(\pi^{02}) - R_2(\pi^{10})}$$

$$= \frac{\frac{1}{2}c_2 b_2^2 + L_2 + \theta_2 b_2 - (\beta + \lambda_2)k_2 \gamma_2 (1+\mu_2)^{n_2-1} b_2}{\beta(\xi-1)[k_1 \gamma_1 (1+\mu_1)^{n_1-1} b_1 + k_2 \gamma_2 (1+\mu_2)^{n_2-1} b_2]}$$

对于由式（4 - 1）和式（4 - 2）描述的演化系统，可通过构建雅可比矩阵来判断其局部均衡点的稳定性，若均衡点对应雅可比矩阵的行列式（Det）大于 0、迹（Tr）小于 0，则为稳定点；若行列式小于 0、迹大于 0，则为不稳定点；若迹等于 0，则为鞍点（Friedman，991）。对式（4 - 1），式（4 - 2）分别求 x、y 的偏导得系统的雅可比矩阵为：

$$J = \begin{bmatrix} \dfrac{\partial F(x)}{\partial x} & \dfrac{\partial F(x)}{\partial y} \\ \dfrac{\partial F(y)}{\partial x} & \dfrac{\partial F(y)}{\partial y} \end{bmatrix}$$

其中：

$$\frac{\partial F(x)}{\partial x} = (1-2x) *$$

$$\left\{ y\beta(\xi-1)\left[k_1\gamma_1(1+\mu_1)^{n_1-1}b_1 + k_2\gamma_2(1+\mu_2)^{n_2-1}b_2\right] \right.$$

$$\left. -\left[\frac{1}{2}c_1b_1^2 + L_1 + \theta_1b_1 - (\beta+\lambda_1)k_1\gamma_1(1+\mu_1)^{n_1-1}b_1\right] \right\}$$

$$\frac{\partial F(y)}{\partial y} = (1-2y) *$$

$$\left\{ x\beta(\xi-1)\left[k_1\gamma_1(1+\mu_1)^{n_1-1}b_1 + k_2\gamma_2(1+\mu_2)^{n_2-1}b_2\right] \right.$$

$$\left. -\left[\frac{1}{2}c_2b_2^2 + L_2 + \theta_2b_2 - (\beta+\lambda_2)\gamma_2(1+\mu_2)^{n_2-1}b_2\right] \right\}$$

$$\frac{\partial F(x)}{\partial y} = x(1-x)\beta(\xi-1)\left[k_1\gamma_1(1+\mu_1)^{n_1-1}b_1 + k_2\gamma_2(1+\mu_2)^{n_2-1}b_2\right]$$

$$\frac{\partial F(y)}{\partial x} = y(1-y)\beta(\xi-1)\left[k_1\gamma_1(1+\mu_1)^{n_1-1}b_1 + k_2\gamma_2(1+\mu_2)^{n_2-1}b_2\right]$$

在以下两种情况时，亲缘企业才可能向着采取合作策略的结果演化。

（1）当 $y^* < 0$，$x^* < 0$，即 $\frac{1}{2}c_1b_1^2 + L_1 + \theta_1b_1 - (\beta+\lambda_1)k_1\gamma_1(1+\mu_1)^{n_1-1}b_1 < 0$，$\frac{1}{2}c_2b_2^2 + L_2 + \theta_2b_2 - (\beta+\lambda_2)k_2\gamma_2(1+\mu_2)^{n_2-1}b_2 < 0$ 时，亲缘企业合作创新的博弈动态系统有 O(0, 0)、A(1, 0)、B(0, 1)、C(1, 1) 4 个局部均衡点，分析各均衡点对应雅可比矩阵的行列式和迹的符号得到 O(0, 0) 为不稳定点，A(1, 0)、B(0, 1) 为鞍点，C(1, 1) 将最终成为系统的演化稳定状态，亲缘企业的长期演化结果将是都与业主合作。

（2）当 $0 \leqslant y^* \leqslant 1$，$0 \leqslant x^* \leqslant 1$，即 $\frac{1}{2}c_1 b_1^2 + L_1 + \theta_1 b_1 - (\beta + \lambda_1)$

$k_1 \gamma_1 (1 + \mu_1)^{n_1 - 1} b_1 \geqslant 0$，$\frac{1}{2} c_2 b_2^2 + L_2 + \theta_2 b_2 - (\beta + \lambda_2) k_2 \gamma_2 (1 + \mu_2)^{n_2 - 1}$

$b_2 \geqslant 0$，$\left[\frac{1}{2} c_1 b_1^2 + L_1 + \theta_1 b_1 - (\beta + \lambda_1) k_1 \gamma_1 (1 + \mu_1)^{n_1 - 1} b_1 \right] - \beta (\xi - 1)$

$\left[k_1 \gamma_1 (1 + \mu_1)^{n_1 - 1} b_1 + k_2 \gamma_2 (1 + \mu_2)^{n_2 - 1} b_2 \right] \leqslant 0$，$\left[\frac{1}{2} c_2 b_2^2 + L_2 + \theta_2 b_2 - \right.$

$(\beta + \lambda_2) k_2 \gamma_2 (1 + \mu_2)^{n_2 - 1} b_2] - \beta (\xi - 1) [k_1 \gamma_1 (1 + \mu_1)^{n_1 - 1} b_1 + k_2 \gamma_2 (1 +$

$\mu_2)^{n_2 - 1} b_2] \leqslant 0$ 时，亲缘企业合作创新的博弈动态系统有 O（0，0）、
A（1，0）、B（0，1）、C（1，1）、D（x^*，y^*）5 个局部均衡点。各
均衡点对应雅可比矩阵的行列式和迹的符号分析结果，及其稳定性
分析结果见表 4.2，其中，均衡点 O（0，0）和 C（1，1）是演化稳
定策略，它们分别对应工程承包商都不合作和都合作。基于亲缘关
系的工程承包商合作创新博弈的动态演化过程可由图 4.2 的演化系
统的轨迹示意图描述。折线 BDA 是系统向不同方向演化的临界线，
如果初始状态落在 OADB 区域中，系统将逐渐演化到 O（0，0）
点，即亲缘企业采取不合作策略；当初始状态落在 ADBC 区域中
时，系统将向 C（1，1）点收敛，即亲缘企业将采取合作策略。因
此，区域 ADBC 可以定义为亲缘企业的合作区域；区域 OADB 为
不合作区域。

表 4.2   各均衡点的稳定性分析

均衡点	DetJ 的符号	TrJ 的符号	结果
O（0，0）	+	−	ESS
A（1，0）	+	+	不稳定
B（0，1）	+	+	不稳定

均衡点	DetJ 的符号	TrJ 的符号	结果
C(1, 1)	+	−	ESS
D(x^*, y^*)	−	0	鞍点

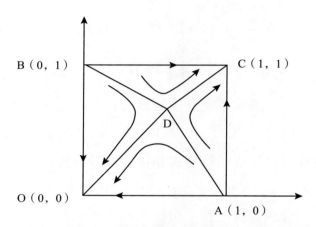

图4.2　基于亲缘关系的跨组织合作创新博弈复制动态相位

4.3.2　演化分析结果讨论

从前面的分析可以得出，在项目的实施过程中亲缘工程承包商的行为演化结果既可能是采取合作策略，也可能采取不合作策略，这取决于自身创新努力收益、亲缘利他效用、创新努力成本、技术创新风险、技术溢出损失，以及工程承包商均选择合作创新行为时协同合作收益的增加。

（1）当 $y^* < 0$，$x^* < 0$，即创新努力收益与亲缘利他效用之和大于创新努力成本、技术创新风险与技术溢出损失之和时，亲缘工程承包商都将选择合作创新行为。

也就是说，$\beta > \dfrac{\frac{1}{2}cb^2 + L + \theta b}{k\gamma(1+\mu)^{n-1}b} - \lambda$ 是亲缘工程承包

创新行为的充分条件。由此可得，超额利益分配系数的大小与亲缘利他偏好系数、风险系数、信任程度、合作频率相关。

结论 1：当其他因素一定时，合理的 β 取值，可因 μ、n、λ 的增大而减小，因 θ 的增大而增大。

推论 1：当与业主之间建立了一种信任关系，且有过较多次的合作，从而产生较大的正向激励时，即使超额收益的分配比例较小，亲缘工程承包商也愿意选择合作创新行为；而如果信任关系和合作基础相对缺乏，亲缘工程承包商则会在超额收益分配比例较大的情况下才愿意选择合作创新行为。当与业主之间的亲疏关系较近，亲缘利他偏好越强，亲缘利他效应相对较大时，即使超额收益的分配比例较小，自身的创新努力收益较小，亲缘工程承包商也愿意选择合作创新行为；而当亲缘关系较疏远时，亲缘工程承包商就将更多地追求自身经济收益，只有在超额收益分配比例较大的情况下才愿意选择合作创新行为。当预期风险较大时，只有较高的超额收益分配比例才能激励工程承包商选择合作创新行为；当预期风险较小时，超额收益分配比例可以相对较小。

（2）当 $0 \leqslant y^* \leqslant 1$，$0 \leqslant x^* \leqslant 1$，即当创新努力收益与亲缘利他效用之和小于创新努力成本、技术创新风险与技术溢出损失之和，且工程承包商均采取合作策略时协同合作收益的增加足以补偿上述差额时，亲缘工程承包商才有选择合作创新行为的必要。此时，亲缘工程承包商的行为既可能演化为合作，也可能演化为不合作。由图 4.2 可知，系统演化到不同结果的概率取决于合作区域 ADBC 面

积的大小，合作区域的面积则取决于 D 点的位置，因此，识别影响亲缘工程承包商演化方向的因素，可转化为分析影响 x^*、y^* 大小的因素。

结论2：亲缘工程承包商合作创新的技术溢出越大，风险系数越大，其选择合作创新行为的概率越小。

对 y^* 求关于 L、θ 的偏导得：

$$\frac{\partial y^*}{\partial L_1} = \frac{1}{\beta(\xi-1)\left[k_1\gamma_1(1+\mu_1)^{n_1-1}b_1 + k_2\gamma_2(1+\mu_2)^{n_2-1}b_2\right]} > 0$$

$$\frac{\partial y^*}{\partial \theta_1} = \frac{b_1}{\beta(\xi-1)\left[k_1\gamma_1(1+\mu_1)^{n_1-1}b_1 + k_2\gamma_2(1+\mu_2)^{n_2-1}b_2\right]} > 0$$

同理：

$$\frac{\partial x^*}{\partial L_2} > 0$$

$$\frac{\partial x^*}{\partial I_2} > 0$$

推论2：y^*、x^* 与技术溢出 L、风险系数 θ 成正比，当技术溢出越大、风险系数越大时，y^*、x^* 将越大，鞍点 D 将向右上移动，合作区域 ADBC 面积就会越小，系统向 C(1，1) 方向演化的概率减小，亲缘工程承包商选择合作创新行为的概率将减小。

结论3：当亲缘工程承包商的亲缘利他偏好越强，分享的超额收益越大时，其选择合作创新行为的概率越大。

计算 y^* 对 λ、β 的偏导得：

$$\frac{\partial y^*}{\partial \lambda} = \frac{-k_1\gamma_1(1+\mu_1)^{n_1-1}b_1}{\beta(\xi-1)\left[k_1\gamma_1(1+\mu_1)^{n_1-1}b_1 + k_2\gamma_2(1+\mu_2)^{n_2-1}b_2\right]} < 0$$

$$\frac{\partial y^*}{\partial \beta} = \frac{-\frac{1}{2}c_1b_1^2 - L_1 - \theta_1b_1 + \lambda_1k_1\gamma_1(1+\mu_1)^{n_1-1}b_1}{\beta^2(\xi-1)\left[\gamma_1(1+\mu_1)^{n_1-1}b_1 + \gamma_2(1+\mu_2)^{n_2-1}b_2\right]} < 0$$

同理：

$$\frac{\partial x^*}{\partial \lambda} < 0$$

$$\frac{\partial x^*}{\partial \beta} < 0$$

推论 3：y^*、x^* 与 λ、β 成反比，当亲缘工程承包商与业主之间的亲缘关系越近，亲缘利他偏好系数 λ 越大，或者当超额收益分配系数 β 越大时，y^*、x^* 都会越小，鞍点 D 将向左下移动，合作区域 ADBC 面积就会越大，系统向 C（1，1）方向演化的概率增大，亲缘工程承包商更趋向于合作。

结论 4：合作效应系数 γ、信任激励系数 μ、合作次数 n 越大，亲缘工程承包商选择合作创新行为的概率越大。

对 y^* 求关于 $\gamma_1(1+\mu_1)^{n_1-1}$ 的导数得：

$$\frac{\partial y^*}{\partial \gamma_1(1+\mu_1)^{n_1-1}} = -\frac{(\beta+\lambda_1)k_1 b_1}{\beta(\xi-1)\left[k_1\gamma_1(1+\mu_1)^{n_1-1}b_1 + k_2\gamma_2(1+\mu_2)^{n_2-1}b_2\right]}$$

$$-\frac{k_1 b_1\left[\frac{1}{2}c_1 b_1^2 + L_1 + \theta_1 b_1 - (\beta+\lambda_1)k_1\gamma_1(1+\mu_1)^{n_1-1}b_1\right]}{\beta(\xi-1)\left[k_1\gamma_1(1+\mu_1)^{n_1-1}b_1 + k_2\gamma_2(1+\mu_2)^{n_2-1}b_2\right]^2}$$

$$<0$$

同理：

$$\frac{\partial x^*}{\partial \gamma_2(1+\mu_2)^{n_2-1}} < 0$$

推论 4：y^*、x^* 是 $\gamma(1+\mu)^{n-1}$ 的单调减函数，当 $\gamma(1+\mu)^{n-1}$ 越大，y^*、x^* 越小，鞍点 D 将向 O 点移动，合作区域 ADBC 面积将会越大，系统收敛于 C 点的概率增加，亲缘工程承包商选择合作创新行为的意愿更大。而 $\gamma(1+\mu)^{n-1}$ 又随 γ、μ、n 的增大而增大，也就是说，亲缘工程承包商选择合作创新行为的概率与 γ、μ、n 成正比，γ、μ、n 越大，工程承包商创新努力的产出越大，能获得的超额收益越高，因此，选择合作创新行为的概率越大。

由上述结论可知，在项目系统中，亲缘工程承包商与业主合作创新时所需付出的各种成本、收益、利润分配以及由参与主体间亲疏关系所引起的亲缘利他偏好，是影响系统演化的关键因素。亲缘利他偏好的提高，技术创新风险、技术溢出损失的降低，以及合理的收益分配机制有助于促进亲缘工程承包商与业主之间的合作创新。

4.4　数值仿真分析

本章主要是分析基于亲缘关系的项目参与主体间的合作创新行为，为此，我们根据理论模型的假设与分析，设置各基本参数值见表 4.3，应用 matlab 进行数值模拟，进一步重点研究技术创新风险、技术溢出损失、亲缘利他偏好、信任关系和合作历史产生的正向激励等因素对亲缘工程承包商合作创新行为的影响，以及各因素相互作用的内在机理，验证上述结论的正确性。

表 4.3　　　　　　　　　　　相关参数取值

参数	取值	参数	取值	参数	取值
β	0.5	ξ	1.3	k	1
γ	1.2	μ	0.05	n	5

续表

参数	取值	参数	取值	参数	取值
b	0.6	c	1	L	0.3
θ	0.2	λ	0.125		

1. 技术创新风险与技术溢出损失对合作创新的影响

创新风险系数 θ 分别取 0.1、0.2、0.3、0.4，其他参数见表4.3，得到图4.3。技术溢出系数 L 分别取 0.2、0.3、0.4、0.5，其他参数见表4.3，得到图4.4。当其他参数一定时，随着技术创新风险或技术溢出损失的减少，选择合作创新行为的亲缘工程承包商随时间的推移逐渐减少的趋势将向逐渐增多转变，且技术创新风险或技术溢出损失的进一步减少将加快其增多的速度。也就是说，技术创新风险越小，工程承包商在项目实施过程中创新与应用新技

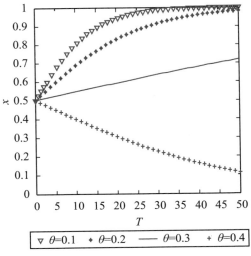

图 4.3　创新风险对合作创新的影响

术的不确定性相对越小，获得超额收益的可能性越大；技术溢出损失越小，其他参与主体的机会主义行为越少，工程承包商合作创新的成本越小，且未来的竞争优势越大。这些都增强了亲缘工程承包商合作创新的动机，将会促使更多的亲缘工程承包商采取合作创新行为。数值模拟结果与结论 2 一致。

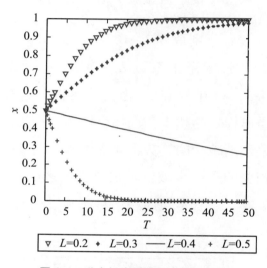

图 4.4　溢出损失对合作创新的影响

2. 基于信任关系和合作历史的正向激励对合作创新及超额收益分配机制的影响

将表示因信任关系和多次合作而产生的正向激励因子 $\gamma(1+\mu)^{n-1}$ 用一个系数 φ 来代替，假设其他参数见表 4.3，超额收益分配系数 β 取 0.4，φ 分别取 1.2、1.3、1.4，以及 β 取 0.5，φ 分别取 1.2、1.3、1.4 时得到图 4.5。比较 $\beta=0.4$ 时的三条曲线或 $\beta=0.5$ 时的三条曲线可得：基于合作历史与信任关系的正向激励的增加同样具有在某一临界值下使选择合作创新行为的亲缘工程承包商减少的速度减慢，或在某一临界值上使选择合作创新行为的亲缘工程承包商增加的速度加快。而且，分别比较 $\varphi = 1.3$、$\beta = 0.4$ 和 $\varphi = 1.2$、$\beta = 0.5$ 时的两条曲线以及 $\varphi = 1.4$、$\beta = 0.4$ 和 $\varphi = 1.3$、$\beta = 0.5$ 时的两条曲线可得，当 φ 取值相对较大时，即使 β 取值相对较小，也可使选择合作创新行为的亲缘工程承包商的比例 x 由逐渐减小转变为逐渐增大，或是加速 x 增大的速度。亲缘主体间合作的次数越多，相互越信任，合作越默契，不仅当期的合作效果越好，长期的互利收益也会更多，因此工程承包商愿意提高创新努力程度，积极更新创新技术，以增加项目产出。业主在制定激励机制时，应充分考虑到与亲缘工程承包商的合作历史和信任关系，从而避免过度分配超额收益。数值仿真分析结果验证了结论 1 和结论 4 的正确性。

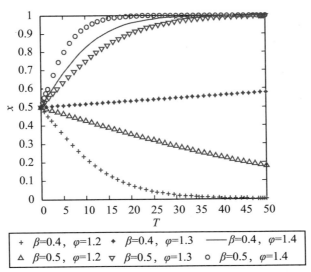

图 4.5　多次合作的正向激励对合作创新及收益分配系数的影响

3. 亲缘利他偏好对合作创新及超额收益分配机制的影响

其他参数见表 4.3 不变，超额收益分配系数 β 取 0.4，亲缘关系系数 λ 分别取 0.125、0.25、0.375，以及 β 取 0.5，λ 分别取 0.125、0.25、0.375 时得到图 4.6。比较 $\beta = 0.5$ 时的三条曲线可得，亲缘关系系数 λ 的增大可加快选择合作创新行为的亲缘工程承包商逐渐增多的速度。分别比较 $\lambda = 0.25$、$\beta = 0.4$ 和 $\lambda = 0.125$、$\beta = 0.5$ 时的两条曲线，以及 $\lambda = 0.375$、$\beta = 0.4$ 和 $\lambda = 0.25$、$\beta = 0.5$ 时的两条曲线可得，当 λ 增大时，选择合作创新行为的亲缘工程承包商的比例 x 在 β 相对较小时即可快速增大至 1。也就是说，亲缘关系越紧密，工程承包商越愿意为项目整体收益做更多贡献，而在亲缘关系较疏远的情况下，工程承包商为项目整体效益考虑的动力则主要来自超额收益的分配，此时，业主需用较高的超额收益

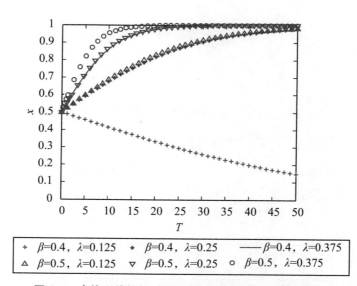

| + $\beta=0.4$，$\lambda=0.125$ | ✦ $\beta=0.4$，$\lambda=0.25$ | —— $\beta=0.4$，$\lambda=0.375$ |
| △ $\beta=0.5$，$\lambda=0.125$ | ▽ $\beta=0.5$，$\lambda=0.25$ | ○ $\beta=0.5$，$\lambda=0.375$ |

图 4.6　亲缘利他偏好对合作创新及收益分配系数的影响

分配比例来激励工程承包商合作创新。因此业主可根据不同的亲缘关系，求得最适当的超额收益分配系数。数值仿真分析结果验证了结论 1 和结论 3 的正确性。

4.5　本 章 小 结

本章基于对中国特定历史空间范畴内项目组织特殊性的考虑，运用演化博弈的理论和方法，对具有亲缘关系的项目参与主体之间的合作创新行为进行了研究，并用数值模拟分析对模型推理结果进行了检验。主要分析了亲缘企业间合作创新行为的演化稳定策略，探讨了超额收益分配、亲缘利他偏好、信任关系、技术溢出、合作风险等因素对亲缘工程承包商行为选择的影响，以及亲缘利他偏好、信任关系、合作风险对合理的超额收益分配系数的影响。研究结果表明：

外在的激励机制，内在的亲缘归属和信任机制可有效地促进亲缘联结的企业间合作创新行为的产生。因此，业主有必要在报酬合同中引入激励机制。对项目建设条件和建设需求进行有效评估，设置适当的项目基本目标要求和超额收益分配比例，来充分调动工程承包商合作创新的积极性，引导工程承包商做出与业主要求和项目需求相符的行为决策。超额收益分配系数的提高能促进工程承包商的合作创新行为，但一味地提高利益激励强度并不是最优选择，应视情况而定。在针对亲缘工程承包商设计激励机制时，亲缘利他偏好和基于合作历史和信任关系的正向激励的促进作用不容忽视。在不考虑亲缘关系时，业主必须通过适当提高超额收益分配比例来增加工程承包商合作创新的可能性。但面对亲缘工程承包商，可相对降低超额收益分配比例，配合以有效利用基于情感纽带的共同信仰开展一系列非制度活动，增强其亲缘归属感和依靠性，从而强化其亲缘利他行为，促进其合作创新。

基于工程项目的合作创新，决定参与主体行为选择的期望收益在很大程度上仍受到技术溢出损失和不确定风险成本的影响。因此，业主必须对工程承包商的创新成果进行科学管理，防止技术外溢；严格按照国家知识产权保护法保护工程承包商的技术成果，降低技术溢出损失，从而给予工程承包商技术创新的安全感，提高其合作创新的积极性。项目的外生不确定性因素可能造成的风险往往是不可预期的，业主必须做足前期工作，根据项目的需求，对工程承包商的合作创新能力进行有效的评价，选择好合作伙伴，这在一定程度上可以降低不确定性造成的技术创新风险。但技术创新风险总是不可避免的，因此，通过超额收益分配来激励工程承包商采取合作创新行为还是必要的。一般而言，外生不确定性往往随项目进展而逐渐降低，业主可随着项目建设的开展，针对不同建设阶段的不确定性环境来设置相应的超额收益分配系数。然而对于风险规避度较高的企业，即使较高的激励系数也难以消除它们对不确定性的规避，因此，业主还可考虑通过提供技术创新成本补贴的方式共担风险，来引导亲缘工程承包商的合作行为。本章对技术创新成本补贴的提出只是一种设想，第 5 章则将其纳入分析框架的研究中。

第 5 章

考虑业主补贴的亲缘企业间
合作创新行为研究

5.1 引　　言

大型复杂项目的投资建设需要业主与多个具有不同知识、技术、资源以及涉及不同专业业务的工程承包商共同合作完成，并且对工程承包商的努力投入、技术创新等行为提出了较高要求。一般地，项目参与主体均来自不同组织的独立法人，基于自身利益，各行为主体的策略空间是不同的，这将导致非一致性行动的产生。然而，受制于企业演化历史，业主与集团内工程承包商之间的合作已成为一种具有中国特色的典型合作类型，项目参与主体间还因具有股权关联性、资产专用性、信息对称性等多重关系特征，存在着亲缘关系。一方面，具有亲缘关系的主体追求的利益和目标具有一致性，可以使合作时面临的利益冲突明显减少，促进稳定合作关系的形成。另一方面，相互依存的需要与行为的不确定性交叉作用会使机会主义产生，亲缘选择也可能带来副作用，阻止亲缘个体间协作的演化。由此可见，在具有亲缘关系的格局下，业主如何协调和分配与工程承包商之间的利益关系，如何针对项目产出对工程承包商群体进行激励，从而促进双方在技术创新层面上合作成为问题的关键。

针对大型复杂项目参与主体激励问题的研究，众多学者在传统的委托代理模型中，假定将委托方所希望的代理方绩效写入报酬契约，得出在代理方具有指数效用函数及付出的劳动成本为凸的假定下，帕累托次优的报酬机制是分成制（骆品亮，2001）；并且收益共享合同可以对项目参与方的决策行为进行诱导、可以改善协作主体间的对抗性关系，收益激励可以实现工期目标和双方收益目标的帕累托改善、可以作为代理人具有利他偏好情况下的利润分享设置。然而，工程承包商的合作创新行为表现为提高工作努力程度，根据项目需要优化技术方案、创新关键技术、应用先进设备等，其合作创新的动力源于获得更多的收益、积累更好的技术、赢得更高的竞争力等。技术创新存在着成本高、风险大的特点，工程承包商可能难以单独承担，那么如果仅从收益共享的角度分析技术创新超额收益分配对工程承包商的激励就存在一定的局限性。亲缘关系联结的合作主体会建立共同的目标，业主作为项目技术创新与应用的关键倡导者、推动者和受益者，应与亲缘工程承包商共担风险，给予一定的技术创新成本补贴，以此来引导亲缘企业的合作创新行为。

因此，本章在考虑项目组织结构及参与主体间的关系特征基础上，同时考虑技术创新成本和成果的不确定性风险对合作行为的影响，将风险共担机制纳入分析框架中，运用多主体仿真的方法系统地分析引入业主补贴后亲缘工程承包商的行为演化，以及考虑亲缘利他偏好情况下，不同超额收益分配和成本补贴的激励效果。

5.2　考虑业主补贴的亲缘企业合作创新激励模型构建

5.2.1　建模依据

大型复杂项目的建设往往包含多个环节，各个环节都涉及不同的专业化工程承包商和不同的合同类型。目前最受推崇的合同模式是额定工作量合同，业主根据合同约定，按完成的工作任务支付给工程承包商相应的费用；或是根据各标段总体建设要求约定一个总体价格，并分阶段进行验收支付。采用额定工作量合同可提高工程承包商的施工水平和主动性，但不利于优化工程质量和提高项目产出，因此，多数业主还会考虑通过附加的激励合同来促进工程承包商持续改进服务水平，从而高效地实现项目的各项目标。

在项目实践中，由于信息的不对称，一些高效企业可能被冷落，那些低效企业反而可能以低价中标。低效企业中标后可能通过降低工程质量来获取利润，高效企业也可能因失去了维持先进技术的动力而效仿低效企业，从而使项目效益降低，这种现象就是工程承包市场中的逆向选择。为解决逆向选择问题，提出业主向工程承包商同时提供激励性合同和固定价格合同（额定工作量合同），并通过合理的激励强度促使高效企业选择激励性承包方式，为提高项目整体效益，积极提高努力水平，采用成熟可靠的技术和工艺，并不断创新技术以克服作业过程中遇到的技术施工难题；低效企业选择固定价格承包方式，为完成一定的工程作业任务而投入相应的工作努力。在固定价格合同中，业主不再向工程承包商支付任何额外费用。在激励合同中，只有当工程承包商超额实现业主设定的项目目标时，才能拿到一定比例的奖励，为公平起见，所有工程承包商获得的超额分配比例相同。在大型复杂项目的实施过程中往往还会有很多不可预见的风险，可能给工程承包商在人员、设备、技术等方面造成巨大负担，为激励工程承包商合作创新行为的选择，业主将与工程承包商共担风险，为其提供成本补贴，包括对技术创新给予一定的资金支持和相关的政策扶持。此外，具有亲缘关系的工程承包商的合作创新行为所付出的代价，将通过亲缘传递而间接获得自身收益的增加，因此，亲缘工程承包商可能采取利他行为，即可能采取牺牲自身利益而提高项目整体效益的行为，为使模型与实际相符，在建模时将考虑这种亲缘利他偏好对亲缘工程承包商合作创新行为选择的驱动作用。

5.2.2 基本假设

（1）项目团队中有一个业主和 N 个工程承包商，各成员均为风险中性。

（2）业主具有品质偏好，项目品质的提高能提升项目价值，业主愿为项目价值的增值支付额外的价格。

（3）工程承包商的行为选择是不确定的，可能不采取合作创新策略，选择固定价格合同付出低努力，仅仅完成一定工作量，达到项目基准目标要求；也可能采取合作创新策略，选择激励性合同付出高努力，进一步通过关键技术创新、先进装备投入，提高项目效益。

（4）业主作为项目技术创新主要受益人，除通过制定特定合同条款、设置较高项目目标外，还通过在自己所获收益范围内进行技术创新与应用补贴来激励工程承包商。

（5）业主与集团内工程承包商的合作模式中，因亲缘关系的存在，工程承包商行为选择所追求的最大化收益还包括外在的亲缘利他效用。

5.2.3　业主与工程承包商的效用函数

一定工程质量的项目预期产出为 $\pi_q(q=H, L)$，其中，H 表示高工程质量，L 表示低工程质量。业主为工程承包商提供固定价格合同和激励性合同两种合同形式，合同类型用 $m(m=1, 2)$ 表示，其中，1 表示固定价格合同，2 表示激励性合同。固定价格合同下，业主向工程承包商支付固定费用 w_1。选择固定价格合同的工程承包商将按低质量标准完成阶段性工程，付出低努力水平的努力成本。激励性合同下，业主向工程承包商支付固定费用 w_2，且当工程承包商提供的实际质量标准超过基本目标要求时，业主还将分配给工程承包商一定比例的超额收益。选择激励性合同的工程承包商除付出高努力行为的努力成本，还将付出技术创新应用的物质性投入成本，这部分成本具有相对的可测性且为常数，是与努力水平无关的正常数 C_0，这部分成本将得到业主一定程度的补贴。在项目实施过程中的众多不确定性因素，可能导致工程承包商在采取高努力行为后却不能达到高工程质量，我们将此风险用 k 表示,反映工程承包商采取高努力行为获得低工程质量的概率。那么,第 $i(i=1, 2, \cdots, N)$ 个工程承包商选择合同类型 m,实现工程质量 q 时带给业主的期望收益为:

$$V_{imq} = \pi_q - w_m - \beta_q(\pi_q - D) - \theta_m C_0$$

其中,β_q 为超额收益分享系数(当 $q=L$ 时,$\beta_q=0$),D 为项目基本产出要求,θ_m 为业主补贴系数当(当 $m=1$ 时,$\theta_m=0$)。

各工程承包商带给业主的收益之和即为业主的总收益为:

$$V_{总} = \sum_{i=1}^{N} V_{imq}$$

选择固定价格合同的工程承包商的成本函数为:

$$C_{i^1} = \frac{1}{2} c_{i^1} a^2$$

选择固定价格合同的工程承包商的预期收益为:

$$u_{i^1} = w_1 - \frac{1}{2} c_{i^1} a^2$$

选择激励性合同的工程承包商,在创新过程中还可能吸收其他参与主体溢出的技术,其创新水平还受其他参与主体创新行为的影响。以往研究中,主体获得的技术溢出效应有两种表现方式,一是使项目价值增值,可在产出函数中体现;二是使项目成本降低,可在成本函数中体现。此处采取第二种方式,那么,选择激励性合同的工程承包商的成本函数为:

$$C_{i^2} = \frac{1}{2} c_{i^2} b^2 + \frac{1}{1+\gamma} C_{i^20}$$

选择激励性合同的工程承包商的预期收益为:

$$u_{i^2} = (1-k)\left[w_2 + \beta(\pi_H - D) - \left(\frac{1}{1+\gamma} - \theta\right)C_{i^20} - \frac{1}{2} c_{i^2} b^2\right]$$

$$+ k \left[w_2 - \left(\frac{1}{1+\gamma} - \theta \right) C_{i^20} - \frac{1}{2} c_{i^2} b^2 \right]$$

$$= w_2 - \left(\frac{1}{1+\gamma} - \theta \right) C_{i^20} - \frac{1}{2} c_{i^2} b^2 + (1-k)\beta(\pi_H - D)$$

其中，i^m 为选择第 m 类合同的工程承包商群体，c_{i^1}、c_{i^2} 为成本系数，a、b 分别表示高努力和低努力水平，γ 为技术溢出效应系数。

亲缘工程承包商选择与业主进行合作创新时，其支付函数还包括外在的亲缘利他效用 u_i'，表示为：$u_i' = \lambda_i \pi_q$。其中，$\lambda_i (0 < \lambda_i < 1)$ 为第 i 个亲缘工程承包商的亲缘利他偏好系数，与亲缘近亲程度相关。

因此，第 i 个亲缘工程承包商的期望收益为：

$$U_i = u_i + u_i'$$

5.3　不同激励机制下亲缘企业合作创新行为演化的仿真分析

5.3.1　初始参数及仿真规则的设定

采用多代理人建模仿真方法，借助 Netlogo5.1 仿真平台，对存在亲缘关系的工程承包商的行为演化进行仿真。

1. 初始条件与相关参数的设定

在 Netlogo 仿真模型中，使用瓦片来代表参与主体，假设有

100 个参与主体，包括选择固定价格合同和选择激励性合同的两类工程承包商群体，各类群体初始比例分别为 50%。因此首先设置一个 10×10 的二维方格网络，形成 100 个瓦片，再将瓦片定义为两种主体类型，用随机产生的 50 个红色瓦片表示选择固定价格合同的主体，用其余的 50 个绿色瓦片表示选择激励性合同的主体。为保证模型系统及仿真程序的顺利应用，将模型中的参数设置了合理取值，相关参数的设置见表 5.1。一般而言，选择激励性合同的主体比选择固定价格合同的主体要付出更多的努力，因此所设参数应满足 $b > a$，另外，为突出激励的有效性，将固定价格合同和激励性合同的固定费用设置为满足 $w_1 > w_2$。

表 5.1 　　　　　　　　　　各参数取值

参数名称	取值	参数名称	取值	参数名称	取值
π_L	500	a	0.7	D	550
π_H	700	b	1	k	0.05 ~ 0.25
w_1	100	c	80 ~ 120		
w_2	80	C_0	10 ~ 20		

2. 仿真规则的设定

构建的模型中，参与主体有两种策略可选，一是采取合作创新策略，选择激励性合同；二是不采取合作创新策略，选择固定价格合同。选择哪一种策略取决于参与主体在前一阶段选择某一种策略后所获得的"实际收益"和下一阶段可能的"预期收益"的比较。一定规则下，在某一阶段结束后的实际分配收益与进入下一阶段前的先验基准收益存在偏差，就构成了有些参与主体行为发生改变的动因。主体本质上是自私的，以追求收益最大化为目标，对于存在亲缘关系的工程承包商，业主收益的增加，也会间接使其收益增加，因此，除自身利益外，工程质量、业主收益也将对其行为选择造成影响。也就是说，亲缘利他偏好将会影响亲缘工程承包商的期望收益，进而影响其下一阶段的行为。本实验是实现对亲缘工程承包商合作创新行为选择的模拟，目的主要是观察在亲缘利他偏好的影响下，多阶段激励中业主收益、亲缘工程承包商行为选择的演化，分析业主补贴对激励效果产生的影响。仿真流程主要有以下几个步骤。

第一步：业主设定合同类型，选择激励与补贴策略。

第二步：每个参与主体计算各自在 t 时刻行为策略的实际收益，以及其他不同行为选择的预期收益。

第三步：同时考虑自身效用和亲缘利他效用，以总体收益最大化为原则确定 $t+1$ 时刻参与主体所要采取的行为策略。

第四步：重复执行第二步和第三步，直至演化步骤结束。

取演化步骤为 50 步，通过上述步骤的循环来观察亲缘工程承包商群体的行为演化。

5.3.2 仿真结果及分析

本章的主要目的是分析考虑业主补贴激励的收益分配机制对亲缘工程承包商合作创新行为选择及业主收益的影响。首先，分析不考虑业主补贴和亲缘关系的情况下，不同收益分配系数对工程承包商合作率和业主收益的影响；其次，分析亲缘利他偏好对收益分配机制激励作用的影响；最后，分析不同补贴系数对保持较高合作率和较高业主收益的收益分配系数的影响，以及业主补贴与收益分配机制共同作用的情境下，亲缘工程承包商行为演化和业主收益演化。

1. 不考虑业主补贴及亲缘关系的情景

首先设定 $\theta = 0$，$\lambda = 0$，然后对三种不同超额收益分配系数下的工程承包商行为选择，及业主收益进行仿真分析。如图 5.1 所示，灰色线（D）表示选择固定价格合同，不采取合作创新策略的工程承包商的数量；黑色线（C）表示选择激励性合同，采取合作创新策略的工程承包商的数量。当 $\beta = 0.60$ 时，选择激励性合同，通过提高努力水平和积极创新技术等来追求项目高品质目标要求，采取合作创新策略的工程承包商数量逐渐降至低水平，并趋于稳定。当 $\beta = 0.70$ 时，采取合作创新策略的工程承包商数量逐渐降至较低水平，并趋于稳定。当 $\beta = 0.80$ 时，采取合作创新策略的工程承包商数量则稳定在较高水平上。如图 5.2 所示，随着超额收益分配系数的增加，业主的收益不断提高。

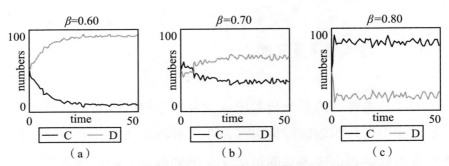

（a）　　　　　　　（b）　　　　　　　（c）

图 5.1　不考虑补贴及亲缘关系的各分配系数下的工程承包商行为演化

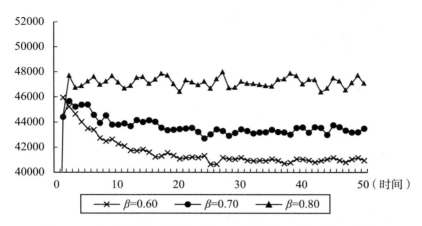

图 5.2　不考虑补贴及亲缘关系的不同收益分配系数下的业主收益

由此可见，合理的收益分配机制对工程承包商的合作创新行为，对业主的收益增加具有双重促进作用。因此，业主可选择向工程承包商提供激励性合同，并设置合理的超额收益分配系数，激励工程承包商提高合作创新积极性，在追求自身效益最大化的同时努力实现业主效益最大化。

2. 不考虑业主补贴，考虑亲缘关系的情景

参数 λ 的取值本应综合项目参与主体间的股权关系和传递代际而定，但由于数值仿真分析不涉及具体实例，故根据拟生物化的亲缘关系来对 λ 进行取值。在大型复杂项目 H 形准市场组织结构下，业主与工程承包商可能分别是集团公司与下属企业，如同生物学上的母子关系（$\lambda = 0.5$）；或集团公司下属不同子公司，如同生物学上的兄弟关系（$\lambda = 0.5$）。或者通常而言，业主与工程承包商也可能分别是集团公司的控股子公司的下属企业与集团公司的全资子公司，或原国家某系统的下属企业与分离出来的集团公司的下属

企业，如同生物学上的叔侄关系（$\lambda = 0.25$）。因此仍然设定 $\theta = 0$，λ 则取 $0 \sim 0.25$ 之间的随机数，然后再对三种不同超额收益分配系数下的亲缘工程承包商行为选择，及业主收益进行仿真分析。如图 5.3 所示，在三种不同超额收益分配系数分别降低了 0.2 的情况下，亲缘工程承包商群体选择激励性合同的数量随时间的变化趋势与图 5.1 较相似。如图 5.4 所示，在三种不同超额收益分配系数分别降低了 0.2 的情况下，业主的收益与图 5.2 基本持平或相对较高。如表 5.2 所示，在考虑亲缘关系的情景下，当超额收益分配系数从 0.8 降至 0.6 时，业主各时间节点的收益反而相对更高。

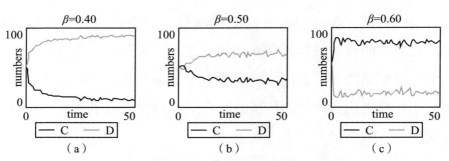

图 5.3　不考虑业主补贴的各分配系数下的亲缘工程承包商行为演化

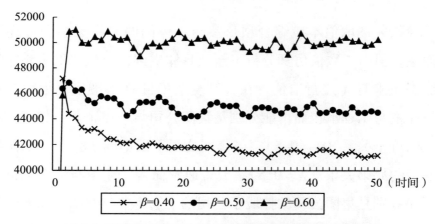

图 5.4　不考虑业主补贴的不同收益分配系数下的业主收益

表 5. 2   不考虑亲缘 $\beta = 0.8$ 与考虑亲缘 $\beta = 0.6$ 的

情景下业主各时间节点收益对比

情景 \ 时间		1	10	20	30	40	50
不考虑补贴 不考虑亲缘	$\beta = 0.80$	44280	47100	46480	46840	46140	46320
不考虑补贴 考虑亲缘	$\beta = 0.60$	45840	49190	48410	48320	49110	48610
增减趋势		↘	↗	↗	↗	↗	↗	↗

资料来源：根据仿真结果整理。

由此可见，亲缘关系对工程承包商的合作创新行为具有促进作用，对超额收益分配机制的激励效果具有促进作用。当不考虑亲缘关系时，在超额收益分配系数相对较大的情况下，工程承包商才愿意选择激励性合同，采取合作创新策略；当考虑亲缘关系时，受亲缘利他偏好的影响，超额收益分配系数可相对较小。因此，业主可在一定的正式契约及制度安排基础上，通过一系列非制度活动增强亲缘工程承包商的亲缘归属感，促进其利他行为，并基于情感纽带和共同信仰等同亲缘工程承包商之间建立起一种可以信赖的合作方式，进而增强其合作能力。

3. 考虑亲缘关系时，业主补贴和超额收益分配激励共同作用的情景

为了分析业主补贴对亲缘工程承包商行为选择的作用机理，首先设定 λ 为 0 到 0. 25 之间的随机数，$\beta = 0.50$。图 5. 5 为 $\beta = 0.50$

时，无补贴情景下和三种补贴系数下，亲缘企业的行为演化结果。如图 5.5（a）所示，在不考虑业主补贴的情境下，选择激励性合同，采取合作创新策略的亲缘工程承包商数量随时间的推移逐渐下降至较低的水平，并趋于稳定。从图 5.5（b~d）可以看出，在较低补贴系数下会演化为选择固定价格合同的亲缘工程承包商，在较高补贴系数下，多数会转变，最终演化为选择激励性合同。另外，对比图 5.3 和图 5.5 可得出，随着业主补贴系数增大，采取合作创新策略的亲缘工程承包商数量保持在较高水平的超额收益分配系数减小。图 5.6 为业主收益在无补贴情景下和三种补贴系数下随时间变化的图像，随着补贴系数的增加，业主收益不减反增，而且均比没有补贴激励时高。

由此可见，业主补贴激励有助于促进亲缘工程承包商的合作创新行为，有助于提高业主收益，当超额收益分配系数一定的情况下，补贴系数设置为一个较合理的值时，选择激励性合同的亲缘工程承包商的数量将维持在一个较高水平，业主也将获得较高收益。因此，业主应引入补贴激励，与亲缘工程承包商共担风险，使得亲缘工程承包商为获取高收益而进行合作创新提供动力。但业主给予亲缘工程承包商的技术创新成本补贴应有一定的限度，既要能补偿其选择合作创新行为所付出的额外成本与所获得的超额收益分配之间的差额，又不能影响业主整体收益。也就是说业主在引入补贴激励时，应以优化项目质量，提高自身收益为前提，设置不同超额收益分配系数下的最优补贴系数，或是根据不同的补贴系数，寻求最适当的收益分配系数，以促进亲缘工程承包商的合作创新行为。

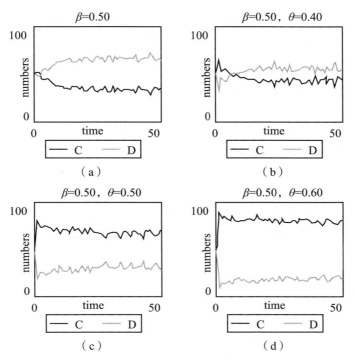

图 5.5　不同补贴系数下的亲缘工程承包商行为演化

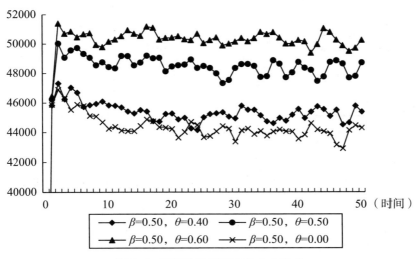

图 5.6　不同补贴系数下的业主收益

4. 技术溢出效应较大的情景

本章从创新成本降低的角度来体现工程承包商获得的技术溢出效应，其具有与业主补贴措施同等的作用，因此，在技术溢出效应较大的情景下，主要探讨业主补贴对工程承包商行为选择的作用机理。前述三种情景均是设定技术溢出效应很小，即是在不考虑技术溢出效应（$\gamma = 0$）时展开的讨论，图5.7为$\beta = 0.50$时，不同补贴系数与不同技术溢出效应系数共同作用下亲缘工程承包商的行为演化结果。$\theta = 0.60$，$\gamma = 0$；$\theta = 0.50$，$\gamma = 0.40$和$\theta = 0.40$，$\gamma = 0.60$三种情况下，亲缘工程承包商群体选择激励性合同的数量随时间的变化趋势基本相似。即随着技术溢出效应的增强，虽然业主补贴系数逐渐降低，采取合作创新策略的亲缘工程承包商数量仍稳定在较高水平上。而且，如图5.8所示，三种情况下，业主的收益也基本持平。

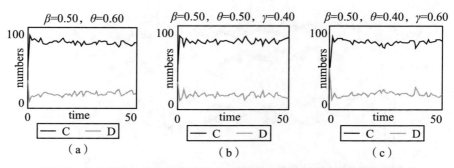

图5.7　业主补贴与技术溢出效应共同作用下的亲缘工程承包商行为演化

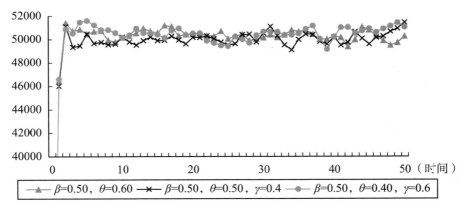

图 5.8 不同补贴系数和溢出效应系数下的业主收益

通常而言，创新成本越高，工程承包商选择合作创新行为的概率越小，业主补贴正是由于可以显性地降低创新成本，所以对其合作创新行为具有促进作用。当技术溢出效应较高时，业主和其他参建单位的创新成果将在业内形成一定影响，尤其会在内部企业间得到广泛传播，这将带给亲缘工程承包商自身创新水平的进一步提高，使创新资金成本降低，显著改善其现在及未来在其他项目上的效益。这些效应带来的收益较大，大到即使补贴系数较低，工程承包商也愿意进行合作创新。因此，在上述条件的共同作用下，亲缘工程承包商积极地进行创新投入，其获得的溢出效应系数越高，业主补贴系数相对越低，其创新的动机仍然较大，合作创新的概率仍然较高。

5. 业主补贴失效的情境

设定 $\beta = 0.30$，$\gamma = 0$，此时即使 $\theta = 1$，选择激励性合同的亲缘工程承包商数量也会随时间的推移而逐渐降至低水平，并趋于稳定，如图 5.9 所示。业主的收益分配系数比较小且工程承包商的创新溢出效应较小时，对于工程承包商而言，一方面，其讨价还价能力相对较弱，在获益越少的状况下，参与合作创新的意愿显著降低；另一方面，其获得的创新溢出效应很小，不足以弥补收益不足的缺口，那么，其进行合作创新的动力也不足。由此可见，业主补贴是可能失效的，只能与其他措施一起，共同促进工程承包商的合作创新行为。业主在项目团队中往往处于主导地位，其通过与工程承包商之间的合同契约关系来实现项目目标是最为有效的，补贴激励主要起辅助作用。工程承包商在为业主提供工程服务时，只有当收益能够增加，才愿意付出额外的成本采取合作创新策略。因此，业主应首先通过超额收益分配使工程承包商可能实现收益增长，然后再采取风险共担的成本补贴激励促使工程承包商选择激励性合同。

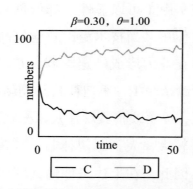

图 5.9　业主补贴激励失效时的亲缘工程承包商行为演化

5.4　案例研究

5.4.1　项目背景及组织结构

以 NG 高铁项目为研究对象，对理论分析结果进行检验。NG

高铁项目是国家铁路规划的重要项目之一，其建设具有重要的意义和作用。该项目具有规模大、投资高、建设周期长、参建单位多等特点。而且该项目建设还具有工程条件复杂，工程量大，安全风险高、施工难点多等特点。NG 高铁项目由原铁道部及两省份投资，并组建 NG 铁路公司负责项目的组织建设。该项目划分了 8 个站前施工标段，由 10 个施工承包商参与建设，其中有 8 个施工承包商所在工程局属于铁路系统，2003 年从原铁道部分离出来。而且各标段的工程指挥部以及设立的多个专业施工项目部也大多是属于集团内子公司。项目各参与主体犹如生物学中拥有相同基因的亲戚，它们在业务上具有优势的互补性，仍保持着长期业务合作关系。案例资料包括项目介绍、管理制度、激励措施和相关考核评估结果等，资料来源 NG 铁路公司及各参加单位主要通过现场调研收集。

5.4.2 项目建设对技术创新的需求及创新主体角色识别

NG 高铁项目具有地质复杂多变、桥梁比重高等工程、环境特点，将妨碍工程的施工；安全的重要性和环保水保要求的提高，将加大施工的难度；合理工期的保障、项目投资的控制，需要优化方案、科学组织；传统的施工工艺难以满足项目对质量的要求等等，这些问题的解决离不开项目建设过程中的技术创新。铁路工程项目多目标的管理要求增加了对施工的要求，需要施工单位以创新的理念，优化创新资源，积极采用新技术、新材料、新设备、新工艺，以保障项目的高效完成。

业主是技术创新的牵头方和主导方，对工程技术创新活动进行有效的管理，充分调动施工承包商的积极性，发挥施工承包商的创新能力,促使其积极开展工程技术创新活动,以更好地实现项目建设目标。

施工承包商是技术创新的主体,以保证工程任务的完成、追求自身收益最大化、提升企业竞争力为动力,在项目建设过程中推进技术创新工作去解决工程技术难题。

5.4.3 NG高铁项目技术创新激励机制

1. 工程质量创先争优活动

为落实工程建设的质量方针和目标,用科技手段保证工程质量,NG铁路公司积极开展创先争优活动,在项目建设过程中大力推广应用新技术、新工艺、新材料、新设备,提高工程质量创优的科技含量。开展优质样板工程创建活动,设立优质样板工程奖,定期对施工单位创优活动的落实和进展情况进行监督检查、考核、评选和奖励,对施工单位的奖励或惩罚要结合质量创优考评结果和信用评价、劳动竞赛等考评结果来展开,以调动施工单位的创优积极性。

2. 项目建设履约保证金机制及利益分配机制

为严格考核,进一步强化项目施工安全质量管理工作,NG铁路公司实行安全质量履约保证金制度。要求施工承包商按施工建安费的一定比例交纳安全质量履约保证金,由业主代为保管。根据落实质量、安全、工期、投资、环保、技术创新"六位一体"的建设管理要求对施工承包商开展考核,其中,技术创新环节对应的考核费用比例为10%。报酬的支付视对施工承包商项目建设目标完成情况的考核结果而定，尤其对施工延时、施工质量不达标以及发生责任事故的施工单位按相关规定进行考核处罚，扣罚履约保证金。被扣罚的激励约束费用须重新补充交纳，工程竣工验交后，将剩余的激励约束费用退还给施工单位。

NG铁路公司注重对工程技术创新产生的无形资产的度量，并将无形资产价值纳入利益分配机制中，以弥补施工承包方技术创新活动造成的技术溢出损失。以公平平等、利益风险匹配、协商满意等原则为指导，采取以直接项目价值增值为主，兼顾各参建单位技术创新对项目的潜在贡献和无形资产的利益分配机制，力求科学合理地对技术创新收益进行分配，从而促进和保障施工承包商技术创新的积极性。

3. 项目技术创新经费补贴机制

为提升各施工单位的创新能力，NG铁路公司鼓励各施工单位组建科研小组，根据施工现场的情况，结合国内外研究现状，面对项目实施过程中的重难点问题，对没有或不成熟的施工技术、工艺等以课题的形式进行专项研究。NG高铁项目划拨了技术创新专项资金，为施工项目部向业主申报，由业主审批立项的技术创新项目提供科研经费。各施工单位自己立项的技术创新项目，其资金来源均为企业自筹并列入工程费，即项目的技术攻关费用包含在工程单价的技术措施费之中。业主在建设前期，就要求设计单位做足各方面工作，将施工过程中可能存在的多方面影响因素，尤其是可能遇到的各种技术难题预先考虑到，将相应的技术创新因素纳入设计方案的选择和工程造价的预算等各项工作中，从而使施工过程中的技术创新障碍得到最大程度的降低，技术难题得到有效解决。由此可见，施工单位以科研课题为基础的技术创新行为在较大程度上得到了成本补贴。

4. 基于与系统内施工单位之间亲缘信任的激励机制

一是 NG 高铁项目的 10 个施工承包商有 8 个来自原铁路系统，通过开展非制度性活动和精神文明建设的方式，灌输项目团队成员的家庭成员思想，强化施工单位的主人翁意识；通过明确共同目标，划分责任和融合利益的方式，强调甲乙方的利益共同体身份，强化这些企业追求更高层次的企业自身发展和推动行业前进的社会责任感，从而实现施工单位的自我约束。

二是随着众多高铁建设项目的陆续开展，铁路系统内施工单位与设计单位、科研院校之间的交流日益频繁，合作相对容易。基于对这一现状的考虑，业主把破解重难点工程技术问题作为重点工作，成立了以研究院为主，系统内设计院、各个工程局参加的技术支撑组，为施工单位攻克难题提供技术指导。在业主协调主导下，各施工单位、设计单位、科研院校以项目目标为导向，集成各种内外部资源，建立起网络内各参与主体的技术创新合作机制，协同创新。

5.4.4　NG 高铁项目技术创新成效

NG 铁路公司对技术创新的管理以工程质量创优争先为目的，从激励约束出发，注重技术创新成效考核和奖优惩劣，结合技术创新无形资产进行利益分配，并给予一定的技术创新经费补贴，同时通过归属感和责任感的强化，产生了显著的成效。取得了众多技术创新成果，不仅使现场技术难题得到了解决，同时使项目其他目标得以实现。在 NG 铁路公司一系列技术创新激励机制下，各施工承包商充分发挥项目技术创新中的主体作用，结合工程特点，制定了相应的技术创新管理办法，广泛开展技术攻关和创新成果的推广应用。

以施工单位 S 为具体实例，YJ 大桥工程是 NG 高铁项目的一项控制性工程，该桥是我国在高速岩溶山区客货共线 I 级铁路上首次修建的大跨度双线钢桁斜拉桥，施工过程控制、线形精度、成桥状态等要求高，桥位处存在裸岩河床地质条件，给深水基础施工带来了技术难题。YJ 大桥工程项目施工难点主要包括：无覆盖层河床栈桥和平台施工，无覆盖层河床深水低桩承台的基础施工，塔柱防开裂控制和大跨度钢桁梁施工。作为该桥施工单位 S 针对 YJ 特大桥的重、难点技术问题，积极进行施工技术创新着力破解难题，安全、优质、高效地推进该桥的建设。

1. 最终解决了以下几项工程施工的关键技术

（1）无覆盖层河床桥梁低桩承台深水基础双壁钢围堰施工技术。

（2）大体积混凝土及塔柱防开裂控制技术。

（3）基于塔梁同步施工方法的塔梁快速施工及精确控制技术。

（4）斜拉索施工及控制技术。

（5）大跨度钢桁斜拉桥精细化控制技术。

2. 实现了多项保证工程优质、高效完成的技术创新

（1）采用基于钻孔平台环形导轨的双壁钢围堰拼装和下沉装

置，实现了桩、堰的分离作业和平行施工，提供了一种新的双壁钢围堰施工方法。

（2）采用不分仓浇筑水下混凝土和带有密闭活动堵头的配重导管连续灌注水下混凝土的技术，减少了导管灌注的时间，确保了封底混凝土质量，且节能效益明显。

（3）针对裸岩河床人造覆盖层，采用理论和试验分析，提出了钢管桩入岩深度和整体稳定性计算方法，确保了临时结构的安全。

（4）对多跨钢桁梁斜拉桥采用由边跨向中跨单向不对称悬臂拼装的技术，实现了塔梁同步施工、简化了合龙步骤、节省了钢梁存放场地、减少了施工设备投入，并通过钢梁拼装、索导管和斜拉索的精确控制，以及施工全过程的精细化分析，确保了全桥线形符合设计要求。

（5）从水化热、环境因素、结构特点及施工设计等方面定量和定性分析了塔柱开裂风险因素，为塔柱防开裂控制提供了必要的理论依据。

（6）采用带有内外套筒的端头锚箱的墩头锚钢丝束预应力体系，确保锚箱处钢筋不截断，且无须安装模板进行大面积封锚。

3. 取得了良好的经济、社会效益

在 YJ 大桥项目的开展过程中，施工单位严密施工技术方案，优化施工过程控制，积极采用新技术，保证了工程质量、进度和成本的和谐统一，赢得了同行的广泛称赞，得到了媒体的多次报道，取得了良好的社会效益。多项新技术的成功应用，降低了能耗，避免了对水体的环境污染，同时也极大地提高了现场的施工安全。整个项目共形成新工法 5 项，开发专利 9 项，采用的创新技术和方法

共 5 项，节约工程成本数百万元，经济效益显著。

5.5　本 章 小 结

本章在探讨具有亲缘关系的项目业主与工程承包商之间的合作创新问题时，进一步考虑项目业主不仅通过提供固定合同和激励合同的方式与工程承包商共享收益，还通过提供技术创新成本补贴的方式与工程承包商共担风险，以此来引导亲缘企业的合作创新行为。进而运用多主体仿真的方法分析考虑亲缘利他偏好的情况下，不同超额收益分配系数和不同补贴系数的激励效率和工程承包商的行为演化。理论分析和实践检验结果显示：

业主通过超额收益的分配机制设计不仅能促进工程承包商采取合作创新策略，而且也能提高自身收益；亲缘利他偏好对亲缘工程承包商的合作创新行为，对超额收益分配机制的激励效果具有促进作用；技术溢出效应和补贴系数的增加具有降低工程承包商创新成本的同等作用，都有利于工程承包商的行为向合作创新的方向演化，业主补贴激励是促进亲缘工程承包商合作创新的辅助措施，技术溢出效应对其激励效果具有强化作用。因此，一是业主可在合同中明确约定实现不同项目目标的技术、工艺、流程等要求。二是业主可提出较高的项目目标要求，并利用超额收益分配机制激励工程承包商进行合作创新。三是业主可给予一定的技术创新成本补贴，为亲缘工程承包商积极创新技术、主动应用新技术和新设备等提供助力。在设计补贴激励机制时，应综合分析业主共性技术的研发和其他参建单位相关或互补技术的创新可能对工程承包商技术创新的影响，在对其将获得的技术溢出效应合理判断的基础上设置适当的补贴系数。四是应充分利用双方的亲缘关系，发挥亲缘利他偏好的作用来促进亲缘工程承包商的合作创新行为。准市场组织下的项目跨组织合作模式并非只有亲缘型合作模式，后续章节将对各种合作模式进行比较分析。

第 6 章

存在亲缘企业的 N 形准市场组织下
主体间合作创新行为研究

6.1 引　言

我国工程项目的日益大型化、复杂化使得项目的组织突破了单个组织范围内的局限，表现为多主体共同参与，而且加剧了项目的实施对工程技术的依赖。不仅如此，我国大型复杂项目的投资主体以政府或大型国有企业为主，国企通过重组改制和分拆上市，形成了立足主业的上市公司和负责辅业的存续企业。受股权结构和体制结构的影响，这种由国有部门主导的大型复杂项目，作为业主的主业公司主要将各项工程作业委托给具有不同知识、技术的存续企业来承担。但是，不少学者通过对其他非工程项目的组织实施的研究，证实了同时利用内、外部资源的现实性、必要性和有效性。特尔维施（Terwiesch，2008）对企业研发项目的创新模式进行研究，证明了企业采用开放式创新模式有助于提高研发创新水平。查纳尔

（Chanal，2008）也证实了企业采用内部创新和外包模式相结合进行研发创新，能减少风险、降低成本。郝琳娜（2014）的研究得出，结合内部创新模式和众包模式并设置合理的奖金才是企业研发创新活动的占优策略。宋砚秋（2009）发现复杂产品系统研究项目的实施需要联合其他企业和科研机构组成研发网络，也要委托下属企业。而且随着工程承包市场对民营企业的适度开放，不少民营企业也积极参与到工程作业的承担中，业主可在开放的竞争市场上选择不同类型的工程承包商。因此，在我国工程项目主要实行甲乙方按合同承包方式来管理的大背景下，业主往往会将工程作业委托给其所在企业集团下属的工程承包商，为内部企业的发展创造条件；同时还会委托众多新进入工程承包商为项目提供各项工程服务，以引入先进的专业队伍和技术参与竞争。由此使得项目跨组织合作创新面临如图 6.1 所示的准市场组织结构，项目组织同时基于亲缘关系和契约关系来构建，体现出由市场交易的契约关系和产权

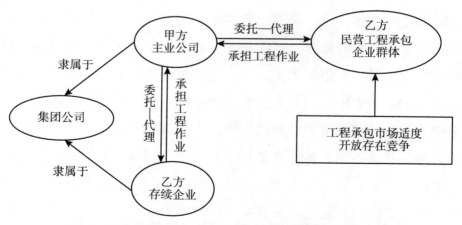

图6.1　不同纽带联结的项目跨组织合作创新的准市场组织结构

结构的科层关系共同作用的准市场特征。项目参与主体之间的合作创新行为必然就会受到这种基于合作历史和结构性制度安排作用的相互间关系结构和特点的影响。回顾现有文献，已有很多学者对工程项目多承包商激励问题进行了研究，但鲜有学者对比分析业主同时选择内部企业和外部企业承担项目作业时，对两类工程承包商行为的激励问题。

那么就面临着将亲缘关系纳入项目参与主体合作创新行为的分析中，亲缘企业和新进入企业在承担业主委托的工程作业时，哪一类更愿意、更有可能积极合作；各类企业合作创新行为产生的条件是什么、影响因素有哪些；有效的激励、约束机制是什么等有待深入探讨的问题。因此，本章以 N 形准市场组织安排为环境变量，运用演化博弈理论和方法分析不同类型的工程承包商的合作创新行为，探讨亲缘利他偏好、非制度惩罚等对演化稳定策略的影响，提出项目跨组织合作创新激励机制的管理建议。

6.2　N 形准市场主体间合作创新的演化博弈模型构建与求解

6.2.1　模型的假设与构建

本章是对存在亲缘企业的 N 形准市场组织下项目参与主体间的合作创新行为进行研究。合作创新主体包括甲方业主和乙方工程承包商，乙方既有与业主具有亲缘关系的集团内工程承包商，也有与业主无亲缘关系的新进入工程承包商，分别记为亲缘工程承包商主体 1 和新进入工程承包商主体 2。两类工程承包商的策略空间集为（合作，不合作），不合作是指仅完成规定工作量；与业主进行合作创新是指进一步通过企业内部知识、技术资源的优化配置，积极优化施工方案、创新关键技术、投入先进装备，对工程服务进行动态调整，从而提高合作效益。

首先给出与亲缘企业间合作创新演化博弈模型的场景设定相类似的 4 个假设。

假设 1：项目的总产出 π 由亲缘工程承包商主体 1 和新进入工程承包商主体 2 的产出 π_1、π_2 决定。

（1）当主体 1、主体 2 均不与业主进行合作创新时，各自仅付出生产努力 a，产出分别为 π_1、π_2，表示为：$\pi_i = k_i a_i$，其中 k_i 为第 $i(i=1，2)$ 类主体的生产系数。这种情况下，项目的总产出为两类工程承包商各自在不合作状态下的产出之和，记为 π^{00}，表示为：$\pi^{00} = \pi_1 + \pi_2$。

（2）当主体 1 不合作，主体 2 合作时，主体 2 还付出了创新努力 b_2，产出也因此增加 $\Delta\pi_2$，表示为：$\Delta\pi_2 = k_2 \gamma_2 b_2$，其中，$\gamma_2$ 为合作效应系数，表示主体 2 与业主之间的合作创新对产出的潜在影响。此种情况下，项目的总产出为主体 1 在不合作状态下，主体 2 在合作状态下的产出之和，记为 π^{02}，表示为：$\pi^{02} = \pi_1 + \pi_2 + \Delta\pi_2$。

（3）当主体 1 合作，而主体 2 不合作时，主体 1 的产出增加 $\Delta\pi_1$，表示为：$\Delta\pi_1 = k_1 \gamma_1 (1+\mu)^{n-1} b_1$，其中，$(1+\mu)^{n-1}$ 为主体 1 与业主之间由于相对稳定的重复合作而产生的正向激励，这种情况下，项目的总产出为主体 1 在合作状态下，主体 2 在不合作状态下的产出之和，记为 π^{10}，表示为：$\pi^{10} = \pi_1 + \pi_2 + \Delta\pi_1$。

（4）当主体 1、主体 2 均与业主进行合作创新时，还将产生横向的协同效应，项目将获得比两类工程承包商各自独立与业主进行合作创新时更大的产出，这种情况下项目的总产出记为 π^{12}，表示为：$\pi^{12} = \pi_1 + \pi_2 + \xi(\Delta\pi_1 + \Delta\pi_2)$，其中，$\xi(\xi \geqslant 1)$ 为双方均合作的协同效应系数。

假设 2：业主具有品质偏好，除了为通过一定工作量的完成实现项目基本品质要求的工程承包商支付固定报酬外，还愿意为超额产出支付额外的报酬，以激励工程承包商积极开展工程技术创新，努力提供高质量服务来获取项目的提速、提效（林宽海，2013）。为此，第 i 类主体的收益 R_i 由固定收入和激励收入组成，表示为：$R_i = w_i + \beta_i(\pi - D)$。式中，$w_i$ 为第 i 类主体的固定收入，β_i 为第 i 类主体对超额收益的分享系数，D 为基本项目产出要求。当 π 超过 D 就给予超额收益分配的奖励，否则仅支付固定报酬。

假设 3：工程承包商付出的努力程度越高，其努力成本越高，设 $C_i(a_i, b_i)$ 为第 i 类主体的努力成本函数，表示为：$C_i(a_i, b_i) = \frac{1}{2}c_i(a_i^2 + b_i^2)$。式中，$c_i$ 为努力成本系数，当工程承包商不与业主合作时，其创新努力 $b_i = 0$。

在合作创新过程中，工程承包商还将面临因不确定性造成的一定技术创新投入不能达到预期结果的风险和技术溢出损失。设第 i 类主体的技术创新风险为 F，表示为：$F_i = \theta_i b_i$，式中，θ_i 为风险系数，与项目的不确定性和主体规避风险的能力相关；技术溢出损失为 L_i，与该项技术是否容易被模仿，该技术知识是否容易被溢出，以及政府知识产权制度的完善程度有关。

假设 4：亲缘工程承包商主体 1 还可能以增加自身成本为代价来提高项目总产出，当其选择合作策略时，还将获得外在的亲缘利他行为的效用 U_1'，表示为：$U_1' = \lambda_1 k_1 \gamma_1 (1+\mu)^{n-1} b_1$。式中，$\lambda_1 (0 < \lambda_1 < 1)$ 为主体 1 与业主之间的亲缘关系指数。

此外，新进入工程承包商主体 2 与业主的合作框架中存在一种非制度性的集体惩罚，一旦主体 2 出现机会主义行为，行业内企业可能都不会选择与其合作，因此，主体 2 将会承担一定的沉没成本 C_{A2}，设：$C_{A2} = t a_2$。式中，t 为惩罚指数，表示准市场组织安排下的集体惩罚力度，市场制度环境越好，t 越大。

综上所述，亲缘工程承包商主体 1 和新进入工程承包商主体 2，同业主进行合作创新的博弈支付矩阵见表 6.1。

表 6.1　亲缘工程承包商主体 1 和新进入工程承包商主体 2 演化博弈的支付矩阵

主体1 ＼ 主体2	合作	不合作
合作	$R_1(\pi^{12}) - C_{1合} - L_1 - F_1 + U_1'$, $R_2(\pi^{12}) - C_{2合} - L_2 - F_2$	$R_1(\pi^{10}) - C_{1合} - L_1 - F_1 + U_1'$, $R_2(\pi^{10}) - C_{2不合} - C_{A2}$
不合作	$R_1(\pi^{02}) - C_{1不合}$, $R_2(\pi^{02}) - C_{2合} - L_2 - F_2$	$R_1(\pi^{00}) - C_{1不合}$, $R_2(\pi^{00}) - C_{2不合} - C_{A2}$

6.2.2　模型的求解

假设亲缘工程承包商主体 1 采取与业主进行合作创新的策略概率为 x，新进入工程承包商主体 2 采取与业主进行合作创新的策略的概率为 y，根据表 6.1 所示的支付矩阵可得，亲缘工程承包商采取合作策略的期望收益为：

$$U_{1合} = y\left[R_1(\pi^{12}) - C_{1合} - L_1 - F_1 + U_1' \right]$$
$$+ (1-y)\left[R_1(\pi^{10}) - C_{1合} - L_1 - F_1 + U_1' \right]$$
$$= yR_1(\pi^{12}) + (1-y)R_1(\pi^{10}) - C_{1合} - L_1 - F_1 + U_1' \quad (6-1)$$

亲缘工程承包商采取不合作策略的期望收益为：

$$U_{1不合} = y\left[R_1(\pi^{02}) - C_{1不合} \right] + (1-y)\left[R_1(\pi^{00}) - C_{1不合} \right]$$
$$= yR_1(\pi^{02}) + (1-y)R_1(\pi^{00}) - C_{1不合} \quad (6-2)$$

亲缘工程承包商的平均期望收益为：

$$\overline{U}_1 = xU_{1合} + (1-x)U_{1不合} \quad (6-3)$$

由式（6-1）、式（6-2）、式（6-3）计算亲缘工程承包商采取与业主进行合作创新的策略的复制动态方程为：

$$F(x) = \frac{d_x}{d_t} = x(U_{1合} - \overline{U}_1)$$

$$= x\left[U_{1合} - xU_{1合} - (1-x)U_{1不合} \right]$$

$$= x(1-x)(U_{1合} - U_{1不合})$$

$$= x(1-x)\left\{ \left[yR_1(\pi^{12}) + (1-y)R_1(\pi^{10}) - C_{1合} - L_1 - F_1 + U_1' \right] \right.$$
$$\left. - \left[yR_1(\pi^{02}) + (1-y)R_1(\pi^{00}) - C_{1不合} \right] \right\}$$

$$= x(1-x)\left\{ y\left[R_1(\pi^{12}) + R_1(\pi^{00}) - R_1(\pi^{02}) - R_1(\pi^{10}) \right] \right.$$
$$\left. - \left[R_1(\pi^{00}) + C_{1合} + L_1 + F_1 - R_1(\pi^{10}) - C_{1不合} - U_1' \right] \right\}$$

$$= x(1-x)\left\{ y\beta_1(\xi-1)\left[k_1\gamma_1(1+\mu_1)^{n-1}b_1 + k_2\gamma_2 b_2 \right] \right.$$
$$\left. - \left[\frac{1}{2}c_1 b_1^2 + L_1 + \theta_1 b_1 - (\beta_1+\lambda_1)k_1\gamma_1(1+\mu_1)^{n-1}b_1 \right] \right\}$$

$$(6-4)$$

同理，新进入工程承包商采取合作策略的期望收益为：

$$U_{2合} = xR_2(\pi^{12}) + (1-x)R_2(\pi^{02}) - C_{2合} - L_2 - F_2 \quad (6-5)$$

新进入工程承包商采取不合作策略的期望收益为：

$$U_{2不合} = xR_2(\pi^{10}) + (1-x)R_2(\pi^{00}) - C_{2不合} - C_{A2} \quad (6-6)$$

新进入工程承包商的平均期望收益为：

$$\overline{U}_2 = yU_{2合} + (1-y)U_{2不合} \quad (6-7)$$

由式（6-5）、式（6-6）、式（6-7）计算新进入工程承包商采取与业主进行合作创新的策略的复制动态方程为：

$$F(y) = \frac{d_y}{d_t} = y(U_{2合} - \overline{U}_2)$$

$$= y(1-y)\{x[R_2(\pi^{12}) - R_2(\pi^{02}) + R_2(\pi^{00}) - R_2(\pi^{10})]$$

$$- [C_{2合} + L_2 + F_2 + R_2(\pi^{00}) - C_{2不合} - C_{A2} - R_2(\pi^{02})]\}$$

$$= y(1-y)\{x\beta_2(\xi-1)[k_1\gamma_1(1+\mu)^{n-1}b_1 + k_2\gamma_2b_2]$$

$$- [\frac{1}{2}c_2b_2^2 + L_2 + \theta_2b_2 - ta_2 - \beta_2k_2\gamma_2b_2]\} \quad (6-8)$$

针对亲缘工程承包商，令 $\frac{d_x}{d_t} = 0$，可得其复制动态稳定状态为：

$$x_1^* = 0$$

$$x_2^* = 1$$

$$y^* = \frac{R_1(\pi^{00}) + C_{1合} + L_1 + F_1 - R_1(\pi^{10}) - C_{1不合} - U_1'}{R_1(\pi^{12}) + R_1(\pi^{00}) - R_1(\pi^{02}) - R_1(\pi^{10})}$$

$$= \frac{\frac{1}{2}c_1b_1^2 + L_1 + \theta_1b_1 - (\beta_1 + \lambda_1)k_1\gamma_1(1+\mu_1)^{n-1}b_1}{\beta_1(\xi-1)[k_1\gamma_1(1+\mu_1)^{n-1}b_1 + k_2\gamma_2b_2]}$$

针对新进入工程承包商，令 $\frac{d_y}{d_t} = 0$，可得其复制动态稳定状态为：

118

$$y_1^* = 0$$

$$y_2^* = 1$$

$$x^* = \frac{\left[C_{2合} + L_2 + K_2 + R_2(\pi^{00}) - C_{2不合} - C_{A2} - R_2(\pi^{02}) \right]}{R_2(\pi^{12}) - R_2(\pi^{02}) + R_2(\pi^{00}) - R_2(\pi^{10})}$$

$$= \frac{\frac{1}{2}c_2 b_2^2 + L_2 + \theta_2 b_2 - ta_2 - \beta_2 k_2 \gamma_2 b_2}{\beta_2(\xi - 1)\left[k_1 \gamma_1 (1 + \mu)^{n-1} b_1 + k_2 \gamma_2 b_2 \right]}$$

6.3　项目参与主体合作创新行为的动态演化及影响因素分析

6.3.1　演化稳定策略分析

对于由式（6-4）和式（6-8）描述的演化系统，可通过构建该系统的雅可比矩阵，并可根据局部稳定性分析法得出其演化稳定策略及影响因素。对式（6-4）、式（6-8）分别求 x、y 的偏导得到演化系统的雅可比矩阵为：

$$J = \begin{bmatrix} \dfrac{\partial F(x)}{\partial x} & \dfrac{\partial F(x)}{\partial y} \\ \dfrac{\partial F(y)}{\partial x} & \dfrac{\partial F(y)}{\partial y} \end{bmatrix}$$

其中：

$$\frac{\partial F(x)}{\partial x} = (1 - 2x) \times \left\{ y\beta_1(\xi - 1)\left[k_1 \gamma_1 (1 + \mu_1)^{n-1} b_1 + k_2 \gamma_2 b_2 \right] \right.$$

$$-\left[\frac{1}{2}c_1 b_1^2 + L_1 + \theta_1 b_1 - (\beta_1 + \lambda_1) k_1 \gamma_1 (1 + \mu_1)^{n-1} b_1\right]\Bigg\}$$

$$\frac{\partial F(y)}{\partial y} = (1 - 2y) \times \Bigg\{ x\beta_2(\xi - 1)\left[k_1\gamma_1(1+\mu)^{n-1}b_1 + k_2\gamma_2 b_2\right]$$

$$-\left[\frac{1}{2}c_2 b_2^2 + L_2 + \theta_2 b_2 - ta_2 - \beta_2 k_2 \gamma_2 b_2\right]\Bigg\}$$

$$\frac{\partial F(x)}{\partial y} = x(1 - x)\beta_1(\xi - 1)\left[k_1\gamma_1(1+\mu_1)^{n-1}b_1 + k_2\gamma_2 b_2\right]$$

$$\frac{\partial F(y)}{\partial x} = y(1 - y)\beta_2(\xi - 1)\left[k_1\gamma_1(1+\mu)^{n-1}b_1 + k_2\gamma_2 b_2\right]$$

（1）当 $y^* > 1$，$x^* > 1$，即 $\frac{1}{2}c_1 b_1^2 + L_1 + \theta_1 b_1 - (\beta_1 + \lambda_1)$

$k_1\gamma_1(1+\mu_1)^{n-1}b_1 > \beta_1(\xi-1)\left[k_1\gamma_1(1+\mu_1)^{n-1}b_1 + k_2\gamma_2 b_2\right]$，$\frac{1}{2}c_2 b_2^2 +$

$L_2 + \theta_2 b_2 - ta_2 - \beta_2 k_2 \gamma_2 b_2 > \beta_2(\xi-1)\left[k_1\gamma_1(1+\mu)^{n-1}b_1 + k_2\gamma_2 b_2\right]$
时，只有点（0，0）是演化稳定的，即该系统的演化稳定策略为
（不合作，不合作）。其现实含义为：当亲缘工程承包商选择与业
主进行合作创新的成本大于其创新努力收益、亲缘利他效用及协同
合作收益之和时，亲缘工程承包商不会选择合作创新行为。当新进
入工程承包商选择与业主进行合作创新的成本大于其创新努力收
益、不合作的沉没成本及协同合作收益之和时，新进入工程承包商
不会选择合作创新行为。

（2）当 $y^* < 0$，$x^* > 1$ 时，$\frac{1}{2}c_1 b_1^2 + L_1 + \theta_1 b_1 - (\beta_1 + \lambda_1)$

$k_1\gamma_1(1+\mu_1)^{n-1}b_1 < 0$，点（1，0）为演化稳定状态，即该系统的
演化稳定策略为（合作，不合作）。同理可知，当 $y^* > 1$，$x^* < 0$

时，$\frac{1}{2}c_2b_2^2 + L_2 + \theta_2b_2 - ta_2 - \beta_2k_2\gamma_2b_2 < 0$，该系统的演化稳定策略为（不合作，合作）。其现实意义为：当新进入工程承包商不选择合作创新行为时，亲缘工程承包商选择合作创新行为的总成本小于其独立采取合作策略时获得的创新努力收益和亲缘利他效用之和时，其行为演化结果将是选择合作创新行为。当亲缘工程承包商不选择合作创新行为时，新进入工程承包商选择合作创新行为的各种成本小于其独立采取合作策略时获得的创新努力收益和沉没成本之和时，其行为演化结果将是选择合作创新行为。

（3）当 $y^* < 0$，$x^* < 0$ 时，点（1，1）为演化稳定状态，即（合作，合作）该系统的演化稳定策略。其现实含义为：当亲缘工程承包商选择合作创新行为的总成本小于其独立采取合作策略时获得的创新努力收益和亲缘利他效用之和，新进入工程承包商选择合作创新行为的总成本小于其独立采取合作策略时获得的创新努力收益和沉没成本之和时，亲缘企业和新进入企业均会选择与业主进行合作创新。

（4）当 $0 \leqslant y^* \leqslant 1$，$0 \leqslant x^* \leqslant 1$，即 $\frac{1}{2}c_1b_1^2 + L_1 + \theta_1b_1 - (\beta_1 + \lambda_1)$ $k_1\gamma_1(1+\mu_1)^{n-1}b_1 \geqslant 0$，$\frac{1}{2}c_1b_1^2 + L_1 + \theta_1b_1 - (\beta_1 + \lambda_1)k_1\gamma_1(1+\mu_1)^{n-1}$ $b_1 \leqslant \beta_1(\xi - 1)[k_1\gamma_1(1+\mu_1)^{n-1}b_1 + k_2\gamma_2b_2]$，$\frac{1}{2}c_2b_2^2 + L_2 + \theta_2b_2 - ta_2 - \beta_2k_2\gamma_2b_2 \geqslant 0$，$\frac{1}{2}c_2b_2^2 + L_2 + \theta_2b_2 - ta_2 - \beta_2k_2\gamma_2b_2 \leqslant \beta_2(\xi - 1)[k_1\gamma_1(1+\mu)^{n-1}b_1 + k_2\gamma_2b_2]$ 时，点（0，0）和（1，1）是演化稳定的，该系统的演化稳定策略可能是（不合作，不合作），也可能是（合

121

作，合作），其演化路径如图6.2所示。图中折线BDA是系统向不同方向演化的临界线，如果初始状态落在OADB区域中，系统将逐渐演化到点（0，0），否则将演化到点（1，1）。其现实含义为：当亲缘工程承包商选择合作创新行为的总成本大于其独立采取合作策略时获得的创新努力收益、亲缘利他效用之和，新进入工程承包商选择合作创新行为的总成本大于其独立采取合作策略时获得的创新努力收益、不合作的沉没成本之和，而工程承包商均采取合作策略时增加的协同合作收益之和可以弥补上述差额时，各类工程承包商可能选择与业主进行合作创新，也可能选择不合作，其究竟演化到哪个结果决定于系统的初始状态。

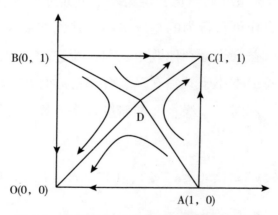

图6.2　项目跨组织合作创新博弈复制动态相位

6.3.2　演化稳定因素分析

（1）根据以上分析，系统的演化结果首先决定于亲缘工程承包商的创新努力收益、亲缘利他效用，新进入工程承包商的创新努力收益、非制度惩罚所带来的沉没成本与各自创新努力成本、技术创新风险、技术溢出损失的比较。当 $y^* < 0$，$x^* < 0$ 时，两类主体均选择合作创新行为，有 $\frac{1}{2} c_1 b_1^2 + L_1 + \theta_1 b_1 - (\beta_1 + \lambda_1) k_1 \gamma_1 (1 +$

$\mu_1)^{n-1} b_1 < 0$，$\frac{1}{2} c_2 b_2^2 + L_2 + \theta_2 b_2 - ta_2 - \beta_2 k_2 \gamma_2 b_2 < 0$，即 $\beta_1 >$

$\dfrac{\frac{1}{2} c_1 b_1^2 + L_1 + \theta_1 b_1}{k_1 \gamma_1 (1 + \mu_1)^{n-1} b_1} - \lambda$，$\beta_2 > \dfrac{\frac{1}{2} c_2 b_2^2 + L_2 + \theta_2 b_2 - ta_2}{k_2 \gamma_2 b_2}$。由此可得，当

其他因素不变时，β_1 因 μ、n、λ 较大而相对较小，也就是说当亲缘工程承包商与业主之间具有较好的信任基础、一定的合作频率，且亲缘关系较密切时，即使超额收益的分配比例较小，亲缘工程承包商也愿意选择合作创新行为。β_2 因 t 较大而相对较小，也就是说当市场开放程度较大，业主可选择空间较大，新进入工程承包商不合作行为的非制度性惩罚力度较大，其将付出的沉没成本较大时，即使超额收益的分配比例较小，新进入工程承包商也愿意选择合作创新行为。

（2）当亲缘工程承包商的创新努力成本、技术创新风险与技术溢出损失之和大于其创新努力收益、亲缘利他效用之和，新进入工程承包商的创新努力成本、技术创新风险与技术溢出损失之和大于其创新努力收益、沉没成本之和时，系统的演化结果则进一步取决于两类工程承包商均采取合作策略时增加的协同合作收益是否能弥补上述差异。当 $0 \leqslant y^* \leqslant 1$，$0 \leqslant x^* \leqslant 1$ 时，系统的演化结果与工程承包商的努力成本系数 c，产出系数 k，技术溢出 L，风险系数 θ，合作效应系数 γ，超额收益分配系数 β 相关，与亲缘工程承包商同业主之间的亲缘关系 λ、信任关系 μ、合作次数 n 有关，与对新进入工程承包商的惩罚系数 t 有关。如图 6.2 所示，系统演化到

不同结果的概率决定于不合作区域 OADB 和合作区域 ADBC 的面积，即取决于鞍点（y^*，x^*）的位置。在影响 y^*、x^* 大小的各因素中，$\dfrac{\partial y^*}{\partial c_1} > 0$、$\dfrac{\partial y^*}{\partial L_1} > 0$、$\dfrac{\partial y^*}{\partial l_1} > 0$、$\dfrac{\partial y^*}{\partial k_1} < 0$、$\dfrac{\partial y^*}{\partial \beta_1} < 0$、$\dfrac{\partial y^*}{\partial \lambda} < 0$、$\dfrac{\partial y^*}{\partial \gamma_1 (1 + \mu_1)^{n-1}} < 0$，$\dfrac{\partial x^*}{\partial c_2} > 0$、$\dfrac{\partial x^*}{\partial L_2} > 0$、$\dfrac{\partial x^*}{\partial \theta_2} > 0$、$\dfrac{\partial x^*}{\partial k_2} < 0$、$\dfrac{\partial x^*}{\partial \beta_2} < 0$、$\dfrac{\partial x^*}{\partial \gamma_2} < 0$、$\dfrac{\partial x^*}{\partial t} < 0$，即随着 c、L、θ 三个因素的增加，y^*、x^* 将向右上移动，合作区域 ADBC 的面积将减小，系统向（1，1）演化的概率减小，工程承包商选择合作创新行为的概率与成本系数、技术溢出、风险系数成反比；随着 k、β、γ 三个因素的增加，y^*、x^* 将向左下移动，合作区域 ADBC 的面积将增大，系统向（1，1）演化的概率增大，工程承包商选择合作创新行为的概率与产出系数、超额收益分配系数、合作效应系数成正比；随着 λ、μ、n 三个因素的增加 y^* 将向左下移动，随着 t 这一因素的增加 x^* 将向左下移动，合作区域 ADBC 的面积将增大，系统向（1，1）演化的概率增大，亲缘工程承包商选择合作创新行为的概率与亲缘关系、信任关系、合作频率成正比，新进入工程承包商选择合作创新行为的概率与非制度惩罚系数正相关。

6.4　本章小结

本章基于中国大型复杂项目参与主体间的社会关系，对经原有企业改制而成的存续企业和新进入企业两类工程承包商同业主组成的项目准市场组织下的合作创新行为进行了分析，对两类工程承包商合作创新行为的演化及影响因素进行了研究。

研究结果表明：（1）当创新努力收益和亲缘利他效用之和足够大，可以弥补技术创新带来的总成本时，与业主具有亲缘关系的工程承包商将逐渐选择合作创新行为，且较密切的亲缘关系、较强的信任关系、较高的合作频次将强化超额收益分配比例对合作创新行为的影响。当创新努力收益和沉没成本之和足够大，可以弥补技术创新带来的总成本时，新进入工程承包商将逐渐选择合作创新行为，且竞争市场较完善，较大的非制度集体惩罚力度将强化超额收益分配比例对合作创新行为的影响。（2）当技术创新带来的总成本大于创新努力收益和亲缘利他效用之和；技术创新带来的总成本大于创新努力收益和沉没成本之和时，如果协同合作收益之和能弥补上述差距，两类工程承包商才可能选择合作创新行为。且工程承包商选择合作创新行为的概率与成本系数、技术溢出、风险系数成反比，与产出系数、超额收益分配系数、合作效应系数成正比，亲缘工程承包商选择合作创新行为的概率还与亲缘关系、信任关系、合作次数正相关，新进入工程承包商选择合作创新行为的概率还与惩罚系数正相关。由此可得，如果工程承包商同质化程度较高，那么，在技术溢出、不确定风险等因素不变的情况下，亲缘工程承包商与新进入工程承包商行为选择的不同则分别与亲疏关系、信任关系、合作次数，以及非制度惩罚系数相关。

根据对结论的分析可知：（1）工程承包商是否与业主进行合作创新的行为选择受其所付出的努力成本、所贡献的努力产出、所具有的抗风险能力、对超额收益的依赖程度等关键因素的影响。因此，设立有效的合作主体评价体系，根据项目的实际情况和实施要求选择较优的项目合作主体是准市场组织条件下的一种有利策略。

（2）亲缘关系的密切、信任关系的增强、合作次数的增加有助于亲缘工程承包商与业主的合作创新行为。因此，可根据项目团队成员间的感情纽带，依靠共同的信仰促进工程承包商从主观意愿出发进行行为约束。同时基于成员间的相互信任和可靠性，可考虑与选出的优质工程承包商建立起战略联盟关系，保证各方利益目标的有机统一，促进工程承包商在项目的实施过程中充分运用核心技术，积极创新关键技术，形成提高项目效益的良好运行机制。（3）亲缘信任是亲缘工程承包商与业主进行合作创新的基础，非制度惩罚则是新进入工程承包商与业主进行合作创新的保障。因此，在适度保护的基础上，应主动适应市场经济的要求，稳妥有序地加大市场对新进入工程承包商的开放力度，形成统一、开放、竞争、有序的市场，这有利于项目效益的提高和项目技术的进步。

在准市场组织环境条件下，项目业主与两类不同的工程承包商之间的合作不仅会受到纵向层面影响因素的作用，还会受到横向承包方之间竞争形态的影响，本章并未将横向层面的竞争关系纳入合作行为研究中，第7章的研究则以此为着眼点。

第 7 章

考虑横向竞争关系的两类工程承包商
合作创新行为研究

7.1 引　　言

大型复杂项目在实施过程中势必会遇到施工工艺、特殊地质和复杂环境等方面的难题，往往需要借助企业和社会的力量，积极创造条件创新相关技术，应用新技术、新工艺、新材料和新设备，采用新的施工方式，来解决难题、确保质量、降低成本、保证工期、加强环保，同时提升参与方技术创新实力，推动行业技术进步。业主是项目技术创新的主导方，承包商则是项目技术创新的实施主体。业主在面对日趋大型和复杂的项目时，同时选择内、外部两类工程承包商为项目提供工程服务，不仅充分依靠内部企业的建设能力和创新实力，还充分挖掘外部企业的技术优势和创新能力。然而，业主与工程承包商的信息不对称，以及工程承包商努力程度的无法度量，将引发道德危害，使得各类工程承包商所付出的创新努力与业主的期望目标有差异，从而导致项目实施效率低下，项目整体效益受损。业主因此面临新形势下如何激励内、外部工程承包商进行合作创新的问题。

本章是对项目参与主体间纵向合作的研究，主要研究工程承包商与业主之间的合作创新行为。第 6 章已应用委托代理或博弈的方法，对比分析了业主同时选择内部企业和外部企业承担工程作业时，两类工程承包商的合作创新行为以及业主的激励措施。以往的研究较多局限于工程承包商之间是独立的，或协同合作的关系，第 6 章的研究也缺乏考虑工程承包商之间横向竞争关系对各自在项目实施过程中合作创新行为的影响。然而，竞争可作为一种促进有效合作的压力引入激励机制的设计。托马斯（Thomas，1994）认为如果业主在外包企业之间引入竞争，在提供的合作中揭示任务指标对于外包企业的真实价值，则有利于使承包商提供合理的质量，使业主得到更大的效用。田厚平（2008）建立了销售系统中代理人存在竞争关系的委托代理模型，得出代理人之间的竞争可以降低委托人的损失，提高代理人的努力程度。谢会芹（2011）在假定委托人之间、代理人之间均存在竞争关系的条件下，建立了委托代理模型，分析得出代理人之间的竞争越激烈，委托人的利润越高。而早在 1983 年，格林（Green）就将锦标机制与合同理论进行了比较，得出锦标制度可以剔除代理人面临共同的不确定因素，而且当代理人的数量足够大时，锦标制度优于个人收益只与自身业绩相关的合约。此后，学者们对利用代理人之间竞争比较的锦标机制产生了浓厚兴趣。罗伯（Rob，1985）的分析指出当监督代理人的机会主义行为需要付出过高的费用时，选择竞赛的方法来对代理人的行为进行约束要比进行事后监督更优。阿克洛夫（Akerlof，2012）

认为在道德风险条件下，委托人应构造一个排序锦标赛，而且，最好是奖励绩效最好者。吉尔帕特里克（Gilpatric，2015）基于动态目标构建了一个锦标赛模型，分析如何利用竞争促进参与主体服从管理。海江涛（2014）认为在公共产品技术创新的研发阶段，政府部门选用竞争方式有助于激励企业投入研发，进而比较了四种不同竞赛方式。闫威（2015）比较了锦标赛契约与固定绩效契约对异质代理人努力水平的影响，得出对于高能力者，在特殊风险占主导时，锦标赛契约更能激发其努力水平。显然，在现实经济活动中，工程承包商之间也存在着相互竞争，而且，业主现在较常利用工程承包商之间这种横向竞争关系来设计激励机制，这能使合约不完全和工程承包商努力程度不可观察所带来的道德风险问题得到较大程度的有效克服。而就激励的效果来看，工程承包商是否愿意提高创新努力投入、优化项目质量，则取决于竞赛机制的设计。

综上所述，同时从内、外部市场选择工程承包商参与项目建设，是一个典型的、普遍的中国情景问题；工程承包商之间的竞争关系是现实存在的，且可形成促进有效合作的压力；业主选择竞赛机制来激励工程承包商的合作行为也是切实可行的。在一个业主和内、外两类工程承包商构成的项目准市场组织结构中，如果业主利用工程承包商之间的竞争关系来设置竞赛机制激励其合作，各类工程承包商如何选择技术创新行为，业主如何设置竞赛机制是值得思考的问题。因此，本章以业主的立场为出发点，利用委托代理的理论和方法，对此问题进行了研究，主要分析影响工程承包商合作创新行为的因素，分析竞赛机制如何影响工程承包商的创新努力投入和业主收益；探讨内部工程承包商与业主之间的亲缘关系对两类工程承包商创新努力投入和业主收益，对业主竞赛机制设置的影响。

这一研究关注了中国特定历史空间范畴内的项目准市场组织结构，对比分析了不同类型工程承包商的行为选择，考虑了工程承包商之间的竞争关系，可拓展有关项目团队合作行为，有关竞赛激励模型的理论研究，使研究结论更具现实意义。

7.2 模型建立

为满足项目实施的技术需求，保证项目的有效实施，考虑业主不仅充分发挥集团内企业的技术优势和建设能力，还从外部引入先进的专业队伍，同时从内部市场和外部市场选择工程承包商参与项目建设。并在存在技术溢出效应的情况下，利用工程承包商之间的竞争关系，采用竞赛方式激励其提高技术创新水平。

为了简化分析，有代表性地考虑一个业主和两个工程承包商，它们均是风险中性，其中一个外部工程承包商（记为 $N1$），一个内部工程承包商（记为 $N2$），它们为业主提供的工程服务具有同质性。业主设计一种利用工程承包商之间竞争关系的竞赛机制，首先，向工程承包商提供一个固定支付报酬，工程承包商的施工质量必须达到一个基本产出质量，才能获得固定支付报酬。其次，为全面落实质量、技术创新的建设管理要求，在项目实施中组织开展劳动竞赛活动，对工程承包商的施工质量进行评定，将评定结果纳入激励约束考核，对施工质量评定较高的工程承包商除进行表彰外，还额外支付一定的激励约束奖金，我们将其称之为质量锦标赛机制。此外，为进一步促使各工程承包商加强日常管理，提高工程实体质量水平，业主还依据行业内信用评价的要求，结合项目实际，将对工程承包商的施工质量进行信用评价的有关事宜纳入工程合同。信用评价结果与工程承包商之后参与相关工程的投标挂钩，使得工程承包商在当期工程中的质量竞赛还与其未来业务获取相关。工程承包商的施工质量通过事后的评价与验收来确定。

假定外部工程承包商 $N1$ 和内部工程承包商 $N2$ 的施工产出质量分别为 q_1 和 q_2：

$$q_1 = a + e_1 + re_2 + \varepsilon_1$$

$$q_2 = a + e_2 + re_1 + \varepsilon_2$$

其中，a 为基本产出质量，$e_i (i = 1, 2)$ 表示工程承包商的创新努力投入，$r(0 \leqslant r < 1)$ 表示项目实施过程中可能的技术溢出水平（海江涛，2013），ε_i 表示随机干扰，即外在的干扰对施工质量评价的随机因素，服从均匀分布 $U[-m, m]$，且独立同分布。

工程承包商的成本函数为：

$$C_i = \frac{1}{2} c_i e_i^2$$

其中，c_i 表示成本系数，反应工程承包商的创新能力，且 $c_1 = c$，$c_2 = \alpha c$。假定当 $\alpha = 1$ 时，在其他条件不变的情况下，外部工程承包商 $N1$ 和内部工程承包商 $N2$ 的成本系数相同，我们认为他们的创新能力相同；当 $\alpha > 1$ 时，则认为在一定的创新努力下，内部工程承包商 $N2$ 的成本大于外部工程承包商 $N1$，外部工程承包商 $N1$ 的创新能力高于内部工程承包商 $N2$（闫威，2012）。

外部工程承包商 $N1$ 和内部工程承包商 $N2$ 的效用函数分别为：

$$U_{N1} = w + p(q_1 > q_2)\Delta - \frac{1}{2}c_1 e_1^2 + b(q_1 - q_2) \qquad (7-1)$$

$$U_{N2} = w + p(q_2 > q_1)\Delta - \frac{1}{2}c_2 e_2^2 + b(q_2 - q_1) + \lambda \theta q_2 \quad (7-2)$$

其中，w 为业主支付的固定报酬；p 表示工程承包商质量竞赛获胜的概率；Δ 为高质量工程承包商所获得的额外激励约束奖金。$b(b>0)$ 表示带给高质量工程承包商的业务转移系数，也可称为信用评价奖惩系数，即信用评价机制对承包商未来业务获取的影响程度，用以反应质量竞赛与未来收益的关联程度。信用评价得分较高即质量产出较高的工程承包商相较于对手在后续相关工程投标中可获得加分，因此在未来开拓市场时，具有业务获取优势，未来收益也会较高。内部工程承包商 $N2$ 与业主具有亲缘关系，$\lambda\theta q_2$ 即表示外在的亲缘利他效用，λ 为亲缘利他偏好，θ 为一定施工质量时业主收益系数。

项目业主的收益为：

$$U = \theta(q_1 + q_2) - 2w - \Delta \qquad (7-3)$$

由于业主和各工程承包商都有独立决策权，三者的决策就构成了一个两阶段博弈模型，在使各自的期望收益最大化的过程中，首先，业主根据特定的信用评价机制选择合适的激励约束奖金，以使自己的收益最大化，其次，内、外工程承包商根据质量锦标赛机制和信用评价机制对自己当期收益和未来收益的影响作用，选择自己的创新努力投入，分别使自己的效用最大化。

7.3 模型分析

由式（7-1）得外部工程承包商 $N1$ 的期望收益为：

$$EU_{N1} = w + p(q_1 > q_2)\Delta - \frac{1}{2}ce_1^2 + b\left[(a + e_1 + re_2) - (a + e_2 + re_1)\right]$$

$$(7-4)$$

由式（7 - 2）得内部工程承包商 $N2$ 的期望收益为：

$$EU_{N2} = w + p(q_2 > q_1)\Delta - \frac{1}{2}\alpha ce_2^2 + \lambda\theta(a + e_2 + re_1)$$

$$+ b\left[(a + e_2 + re_1) - (a + e_1 + re_2) \right] \qquad (7 - 5)$$

由于各工程承包商是同时进行决策，假设存在纯战略纳什均衡，要使工程承包商期望收益最大化，则满足：

$$\frac{\partial EU_{N1}}{\partial e_1} = \frac{\partial p(q_1 > q_2)}{\partial e_1}\Delta - ce_1 + b(1 - r) = 0$$

$$\frac{\partial EU_{N2}}{\partial e_2} = \frac{\partial p(q_2 > q_1)}{\partial e_2}\Delta - \alpha ce_2 + \lambda\theta + b(1 - r) = 0$$

从而得外部工程承包商 $N1$ 的最优创新努力投入：

$$e_1 = \frac{\dfrac{\partial p(q_1 > q_2)}{\partial e_1}\Delta + b(1 - r)}{c} \qquad (7 - 6)$$

内部工程承包商 $N2$ 的最优创新努力投入：

$$e_2 = \frac{\dfrac{\partial p(q_2 > q_1)}{\partial e_2}\Delta + \lambda\theta + b(1 - r)}{\alpha c} \qquad (7 - 7)$$

7.3.1　工程承包商能力不同时的锦标赛和信用评价机制

当 $\alpha > 1$ 时，外部工程承包商与内部工程承包商能力不相同，外部工程承包商 $N1$ 能力强，内部工程承包商 $N2$ 能力弱，不失一般性，假设 $e_1 + re_2 > e_2 + re$ 来体现外部工程承包商 $N1$ 的优势地位。

当外部工程承包商 $N1$ 战胜内部工程承包商 $N2$，必有 $q_1 > q_2$（$a + e_1 + re_2 + \varepsilon_1 > a + e_2 + re_1 + \varepsilon_2$），即 $\varepsilon_2 < e_1 + re_2 - e_2 - re_1 + \varepsilon_1$，

则有：

$$p(N1 \text{ 赢}/\varepsilon_1) = \int_{-m}^{e_1+re_2-e_2-re_1+\varepsilon_1} \frac{1}{2m} d\varepsilon_2$$

$$= \frac{e_1 + re_2 - e_2 - re_1 + \varepsilon_1 + m}{2m}$$

我们定义 $P_{ij} = (e_i + re_j) - (e_j + re_i) + m$，如果 $(e_1 + re_2) - (e_2 + re_1) + \varepsilon_1 > m$，即 $\varepsilon_1 > (e_2 + re_1) - (e_1 + re_2) + m = P_{21}$，则 $N1$ 在 $N2$ 前的概率为 1，定义 $\varepsilon_1 \in [P_{21}, m]$ 为外部工程承包商 $N1$ 战胜内部工程承包商 $N2$ 的确定性区间（Chen，2011）。

根据这些设置，求解出外部工程承包商 $N1$ 获胜的概率和边际获胜概率分别为：

$$p(N1 \text{ 赢}) = \int_{P_{21}}^{m} \frac{1}{2m} d\varepsilon_1 + \int_{-m}^{P_{21}} \frac{1}{2m} \int_{-m}^{(e_1+re_2)-(e_2+re_1)+\varepsilon_1} \frac{1}{2m} d\varepsilon_2 d\varepsilon_1$$

$$= \frac{m - P_{21}}{2m} + \frac{P_{12}(P_{21} + m)}{4m^2} + \frac{P_{21}^2 - m^2}{8m^2}$$

$$\frac{\partial p(N1 \text{ 赢})}{\partial e_1} = \frac{1-r}{2m} + \frac{(1-r)[(e_2 + re_1) - (e_1 + re_2)]}{4m^2} \qquad (7-8)$$

当内部工程承包商 $N2$ 战胜外部工程承包商 $N1$，必有 $\varepsilon_1 < e_2 + re_1 - e_1 - re_2 + \varepsilon_2$，则有：

$$p(N2 \text{ 赢}/\varepsilon_2) = \int_{-m}^{e_2+re_1-e_1-re_2+\varepsilon_2} \frac{1}{2m} d\varepsilon_1$$

$$= \frac{e_2 + re_1 - e_1 - re_2 + \varepsilon_2 + m}{2m}$$

如果 $(e_2 + re_1) - (e_1 + re_2) + \varepsilon_2 > m$，因为已经假设 $e_1 + re_2 > e_2 + re_1$，则 $\varepsilon_2 > (e_1 + re_2) - (e_2 + re_1) + m > m$，这与 $\varepsilon_2 \leqslant m$ 矛盾，因此 $N2$ 战胜 $N1$ 的确定性区间是不存在的（朱浩，2015）。由于内

部工程承包商 $N2$ 的能力相对较弱，要使 $N2$ 战胜 $N1$ 的概率区间存在，那么产生的波动性不能太小，即 ε_2 应该有下限值。若 $e_2 + re_1 + \varepsilon_2 > e_1 + re_2 + \varepsilon_1$，则 $\varepsilon_2 > e_1 + re_2 + \varepsilon_1 - e_2 + re_1 = -P_{21} + m + \varepsilon_1$，即 $\varepsilon_2 > -P_{21}$ 时，$q_2 > q_1$ 成立。

因此，内部工程承包商 $N2$ 获胜的概率和边际获胜概率分别为：

$$p(N2\ \text{赢}) = \int_{-P_{21}}^{m} \frac{1}{2m} \int_{-m}^{(e_2+re_1)-(e_1+re_2)+\varepsilon_2} \frac{1}{2m} d\varepsilon_1 d\varepsilon_2 = \frac{(P_{21}+m)^2}{8m^2}$$

$$\frac{\partial p(N2\ \text{赢})}{\partial e_2} = \frac{1-r}{2m} + \frac{(1-r)\left[(e_2+re_1)-(e_1+re_2)\right]}{4m^2}$$

$$(7-9)$$

把式 (7-8)、式 (7-9) 分别代入式 (7-6)、式 (7-7) 得：

$$e_1 = \frac{(1-r)\Delta}{2mc} + \frac{(1-r)\left[(e_2+re_1)-(e_1+re_2)\right]\Delta}{4m^2c} + \frac{b(1-r)}{c}$$

$$(7-10)$$

$$e_2 = \frac{(1-r)\Delta}{2m\alpha c} + \frac{(1-r)\left[(e_2+re_1)-(e_1+re_2)\right]\Delta}{4m^2\alpha c} + \frac{\lambda\theta + b(1-r)}{\alpha c}$$

$$(7-11)$$

根据式 (7-10)、式 (7-11) 解得：

$$e_2 = \frac{\left[2m + \dfrac{(1-r)\lambda\theta}{c}\right](1-r)\Delta + 2(1-r)m^2 b + 4m^2\lambda\theta}{4m^2\alpha c + (\alpha-1)(1-r)^2\Delta}$$

$$(7-12)$$

$$e_1 = \alpha e_2 - \frac{\lambda\theta}{c} = \frac{\left[2m\alpha + \dfrac{(1-r)\lambda\theta}{c}\right](1-r)\Delta + 2(1-r)m^2\alpha b}{4m^2\alpha c + (\alpha-1)(1-r)^2\Delta}$$

$$(7-13)$$

从式（7 - 12）、式（7 - 13）可以看出工程承包商的创新努力投入 e 受亲缘利他偏好系数 λ、技术溢出水平 r、信用评价奖惩系数 b、激励约束奖金 Δ 的影响。

1. 亲缘关系对两类工程承包商创新努力投入的影响

$$\frac{\partial e_1}{\partial \lambda} = \frac{\dfrac{(1-r)^2\theta\Delta}{c}}{4m^2\alpha c + (\alpha-1)(1-r)^2\Delta} > 0, \quad \frac{\partial e_2}{\partial \lambda} = \frac{\dfrac{(1-r)^2\theta\Delta}{c} + 4m^2\theta}{4m^2\alpha c + (\alpha-1)(1-r)^2\Delta} >$$

0，表明当能力不相同的外部工程承包商和内部工程承包商同时为业主提供工程服务时，两类工程承包商的行为都将受到内部工程承包商亲缘利他偏好的影响，且随着亲缘关系的增强，工程承包商的创新努力投入增大，但外部工程承包商的受影响程度比内部工程承包商低。

2. 信用评价机制对两类工程承包商创新努力投入的激励作用

$$\frac{\partial e_1}{\partial b} = \frac{2(1-r)m^2\alpha}{4m^2\alpha c + (\alpha-1)(1-r)^2\Delta} > 0, \quad \frac{\partial e_2}{\partial b} = \frac{2(1-r)m^2}{4m^2\alpha c + (\alpha-1)(1-r)^2\Delta} >$$

0，表明信用评价机制对工程承包商的行为具有正向激励作用，且对外部工程承包商的激励作用更大，这可能是由于内部工程承包商与业主之间具有相对稳定的合作关系，而对于外部工程承包商来说，信用评价机制的适应范围越广，奖惩力度越大，其采取机会主义行为将使得同行业内更多企业不与其合作，沉没成本更大，因此其不会轻易选择不合作行为。

3. 不考虑信用评价机制时锦标赛机制对两类工程承包商创新努力投入的激励作用

当 $b=0$ 时，$\dfrac{\partial e_1}{\partial \Delta} = \dfrac{\partial e_2}{\partial \Delta} = \dfrac{4m\alpha c + 2(1-r)\lambda\theta}{\left[4m^2\alpha c + (\alpha-1)(1-r)^2\Delta\right]^2} > 0$，表明不考虑质量竞赛对工程承包商未来业务和收益的影响，仅采用锦标赛机制时，随着激励约束奖金的增加，工程承包商的创新努力投入增大，且锦标赛机制对两类工程承包商的正向激励效果相同。

4. 考虑信用评价机制时锦标赛机制对两类工程承包商创新努力投入的激励作用

$\dfrac{\partial e_1}{\partial \Delta} = \dfrac{\partial e_2}{\partial \Delta} = \dfrac{4m\alpha c + 2(1-r)\lambda\theta - (\alpha-1)(1-r)^2 b}{\left[4m^2\alpha c + (\alpha-1)(1-r)^2\Delta\right]^2}$，此时 $\dfrac{\partial e_1}{\partial \Delta}$、$\dfrac{\partial e_2}{\partial \Delta}$ 的符号不定，因此，激励约束奖金对工程承包商行为的影响作用不确定，这要视其他参数的大小而定。当其他参数一定时，锦标赛机制的设计则要视信用评价机制的设置而定。当 $b > \dfrac{4m\alpha c + 2(1-r)\lambda\theta}{(\alpha-1)(1-r)^2}$ 时，$\dfrac{\partial e_1}{\partial \Delta} = \dfrac{\partial e_2}{\partial \Delta} < 0$，工程承包商的创新努力投入随着激励约束奖金的增加反而降低，这种情况下业主设置锦标赛机制是没有意义的。当 $b < \dfrac{4m\alpha c + 2(1-r)\lambda\theta}{(\alpha-1)(1-r)^2}$ 时，$\dfrac{\partial e_1}{\partial \Delta} = \dfrac{\partial e_2}{\partial \Delta} > 0$，激励约束奖金对工程承包商的行为具有正向激励作用，随着激励约束奖金的增大，工程承包商的创新努力投入增大，这种情况下，业主将根据自身收益最大化来设置最优的激励约束奖金。

7.3.2 工程承包商能力相同时的锦标赛和信用评价机制

当 $\alpha = 1$ 时，外部工程承包商与内部工程承包商能力相同，不存在一个工程承包商确定性战胜另外一个工程承包商的概率空间。因此，工程承包商 N_i 排在工程承包商 N_j 前面的条件同样是 $q_i > q_j$，即 $a + e_i + re_j + \varepsilon_i > a + e_j + re_i + \varepsilon_j$，那么：

$$p(N_i\,\text{赢}\,/\,\varepsilon_i) = \int_{-m}^{e_i + re_j - e_j - re_i + \varepsilon_i} \frac{1}{2m} d\varepsilon_2 = \frac{e_i + re_j - e_j - re_i + \varepsilon_i + m}{2m}$$

$$\frac{\partial p(N_i\,\text{赢})}{\partial e_i} = \frac{1 - r}{2m} \qquad (7 - 14)$$

将式（7 - 14）分别代入式（7 - 6）、式（7 - 7）得：

$$e_1 = \frac{\dfrac{1 - r}{2m}\Delta + b(1 - r)}{c} \qquad (7 - 15)$$

$$e_2 = \frac{\dfrac{1 - r}{2m}\Delta + \lambda\theta + b(1 - r)}{c} \qquad (7 - 16)$$

1. 各参数对能力相同的两类工程承包商创新努力投入的影响

$\dfrac{\partial e_1}{\partial m} = \dfrac{\partial e_2}{\partial m} = -\dfrac{(1 - r)\Delta}{2cm^2} < 0$，表示随机干扰对工程承包商的行为具有负向影响作用，随机干扰越大则工程承包商的创新努力投入会越小，因为工程承包商质量竞赛的边际获胜概率会减小。

$\dfrac{\partial e_1}{\partial r} = \dfrac{\partial e_2}{\partial r} = -\dfrac{\Delta}{2cm} - \dfrac{b}{c} < 0$，表示技术溢出对工程承包商的行为具有负向影响作用，随着技术溢出水平的增大，工程承包商的创新

努力投入减小。

$\dfrac{\partial e_1}{\partial b} = \dfrac{\partial e_2}{\partial b} = \dfrac{(1-r)}{c} > 0$，表示信用评价机制对工程承包商的行为
具有正向激励作用，随着信用评价奖惩程度的增大，工程承包商的
创新努力投入增大。

$\dfrac{\partial e_1}{\partial \Delta} = \dfrac{\partial e_2}{\partial \Delta} = \dfrac{(1-r)}{2mc} > 0$，表示锦标赛机制对工程承包商的行为有
直接的正向激励作用，随着激励约束奖金的增大，工程承包商的创
新努力投入增大。

**2. 亲缘关系对能力相同的两类工程承包商创新努力投入的
影响**

首先，对比式（7-15）和式（7-16）可得：$e_2 > e_1$，即两类
工程承包商能力相同的情况下，具有亲缘关系的内部工程承包商的
创新努力投入高于外部工程承包商。两类工程承包商创新努力投入
的差距与内部工程承包商亲缘利他偏好水平和项目质量对业主的重
要程度有关。

而且，$\dfrac{\partial e_2}{\partial \lambda} = \dfrac{\theta}{c} > 0$，$\dfrac{\partial e_1}{\partial \lambda} = 0$，即亲缘关系只影响内部工程承包
商的技术创新行为，且成正向影响作用。不同于外部工程承包商，
亲缘利他偏好促使内部工程承包商在自己任务上付出更多的创新努
力投入，这也是为什么具有亲缘关系的内部工程承包商的创新努力
投入高于外部工程承包商的原因。

3. 亲缘关系对锦标赛激励机制设置和对业主收益的影响

由式（7-3）得业主的期望收益：

$$EU = \theta(a + e_1 + re_2 + a + e_2 + re_1) - 2w - \Delta \qquad (7-17)$$

根据式（7-15）、式（7-16）、式（7-17）及工程承包商的参与约束，构建以下委托—代理模型：

$$\max\theta(a + e_1 + re_2 + a + e_2 + re_1) - 2w - \Delta$$

受下面条件的约束，IC 表示激励约束；IR 表示参与约束。

$$IC1: e_1 = \frac{\dfrac{1-r}{2m}\Delta + b(1-r)}{c}$$

$$IC2: e_2 = \frac{\dfrac{1-r}{2m}\Delta + \lambda\theta + b(1-r)}{c}$$

$$IR1: w + p(q_1 > q_2)\Delta - \frac{1}{2}ce_1^2 + b[(e_1 + re_2) - (e_2 + re_1)] \geqslant U_1$$

$$IR2: w + p(q_2 > q_1)\Delta - \frac{1}{2}ce_2^2 + \lambda\theta(a + e_2 + re_1)$$

$$+ b[(e_2 + re_1) - (e_1 + re_2)] \geqslant U_2$$

其中，U_1 和 U_2 分别为外部工程承包商和内部工程承包商的保留收益，将参与约束和激励约束带入目标函数，则最大化目标函数，有：

$$\frac{\partial U}{\partial \lambda} = \frac{(2+r)\lambda\theta^2}{c} + \left(\frac{\Delta}{2m} + 1\right)\frac{(r-r^2)\theta}{c} + a\theta > 0$$

当外部工程承包商和内部工程承包商同时参与项目建设时，亲缘利他偏好对业主收益具有正向影响作用，亲缘关系的增强可以给委托人带来更高的收益。

$\dfrac{\partial U}{\partial \Delta} = \dfrac{\partial U}{\partial b} = 2(1+r)\theta + r\lambda\theta - 2b(1-r) - \dfrac{(1-r)\Delta}{m}$，表示锦标机

制和信用评价机制对业主收益具有相同的影响作用。但信用评价往

往是根据行业内规定并结合项目实际开展的，因此相对而言工程承包商质量竞争与未来业务的挂钩程度往往是特定固有的。而锦标赛规则、激励约束奖金则是由业主根据项目实际设定。

由于 $\dfrac{\partial^2 U}{\partial \Delta} = -\dfrac{(1-r)}{m} < 0$，因此存在最优锦标激励约束奖金 Δ^*，令 $\dfrac{\partial U}{\partial \Delta} = 0$，得 $\Delta^* = \dfrac{m[\, 2(1+r)\theta + r\lambda\theta - 2b(1-r)\,]}{1-r}$。

由此可得，最优锦标激励约束奖金受 m、θ、r、λ 等参数，以及信用评价机制的设置情况的综合影响。m 为随机干扰系数，θ 为施工质量为某一值时业主得益的系数，即质量对业主的重要程度，m、θ 越大，业主设置的最优锦标激励约束奖金越大。技术溢出水平 r 既可能使最优锦标激励约束奖金增大，也可能使其减小，这要视 m、θ、λ、b、r 的大小。亲缘利他偏好程度虽然可以促进业主收益的增大，却同时也会使锦标机制的激励效果降低，亲缘利他偏好越大，则需要设置越大的最优锦标激励约束奖金。最优锦标激励约束奖金和最优信用评价奖惩系数的设置是相互对应的，其中一种激励机制的设计必须以另一种激励机制的设置为基础，而且，其中一种激励参数的增大可使另一种激励参数的最优值减小，因此，当其他参数一定时，最优激励约束奖金的设置要视特定的信用评价机制而定。

7.4　案 例 研 究

为验证理论模型分析结论，仍以 NG 高铁项目为研究对象，来探讨引入内、外部工程承包商，考虑工程承包商之间竞争关系的情况下，各参与主体之间的协同合作创新问题。参与 NG 高铁项目建设的 10 个施工承包商中有 8 个施工承包商属于铁路系统，本章案例选择 A、B 两个施工单位进行研究，其中 A 为铁路系统内的工程单位，B 为铁路系统外的企业。案例资料包括项目介绍、管理制度、激励措施和相关考核评估结果等，主要通过现场调研收集，一是直接从项目公司、项目指挥部、项目部获取资料；二是通过与管理人员和作业人员沟通、访谈获得信息。

7.4.1　激励机制

NG 高铁项目的施工控制技术中需要多项施工工艺创新，在项目施工过程中，业主十分重视施工单位的技术创新作用，通过合理的激励机制鼓励施工单位积极创新施工技术和共享资源，以保证施工质量和施工进度等，促进项目目标的实现。

1. 业主劳动竞赛机制

为科学、优质、高效地建设好 NG 高铁项目，全面落实质量、安全、工期、投资、环保、技术创新"六位一体"的建管要求，业主在项目建设中组织开展劳动竞赛活动。

（1）考核方法。劳动竞赛评分按安全质量评定、标准化管理、投资计划完成、竞赛组织管理四个部分进行，比例为3∶3∶3∶1。综合考核实行百分制，85～100 分评为甲类，70～85 分评为乙类，70 分以下评为丙类，对评为甲、乙类的单位进行奖励。此外将综合考核结果纳入激励约束平时考核，以劳动竞赛考核为准，结合项目公司的情况分批计算各施工单位激励约束考核费用。

（2）奖惩办法。①激励约束考核费分别按工程质量、施工安全、建设工期、投资控制、环境保护和技术创新项目计算并汇总。②对考核结果为甲级的施工单位，支付合同价款的全部；对考核结果为乙级的施工单位，从合同价款中扣除考核费用比例及额度的50%；对考核结果为丙级的施工单位，从合同价款中扣除考核费用比例及额度的100%，扣减合同价款纳入项目建造费。③对综合考核得分的前三名授予流动红旗，向中华全国铁路总工会申报全国铁路火车头奖杯进行表彰奖励。

（3）考核结果。劳动竞赛活动的开展激发和调动了各施工单位的积极性和创造性，增强了各施工单位的责任感和紧迫感，使各施工单位针对项目的重、难点技术问题，积极进行创新研究，全面投入以更好地完成相应的工程作业任务。本案例获取的历次竞赛考核结果，即对 A、B 两个施工单位总体产出绩效的评分情况如表 7.1、图 7.1 所示。

表 7.1　　　　　　　　　各施工单位历次劳动竞赛考核结果　　　　　　　　单位：分

施工单位	2011 年第三季度	2011 年第四季度	2012 年第一季度	2012 年第二季度	2012 年第三季度
A 施工单位	85.05	90.14	90.00	90.27	92.61
B 施工单位	84.51	87.09	89.23	90.7	92.47

资料来源：笔者根据业主对各施工单位劳动竞赛的考核结果整理。

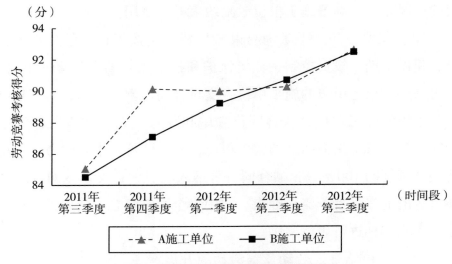

图 7.1 各施工单位劳动竞赛考核得分情况

2. 施工单位劳动竞赛机制

在业主劳动竞赛活动的引导下，各施工单位也认真组织实施劳动竞赛活动。从 A 施工单位项目现场的施工情况来看，各分部努力投入严重不足。为使各分部加大各种资源的投入，确保节点工期，A 施工单位针对阶段性目标，在管段内积极组织开展施工进度单项竞赛活动。

（1）考核评比及奖惩。每一阶段结束后，对各分部进行一次综合考核，以比安全生产、工程质量、综合进度、业内资料和文明施工作为主要内容，同时，针对各分部上报的进度数据进行核实。项目部设定产值的一定比例作为各分部的激励报酬，然后根据考核评价结果，对超过或未达到目标的分部，根据偏离目标的程度，按激励报酬总额的一定比例进行累计奖励或惩罚。同时对考核评比取得优异成绩的分部，评出前两名作为优胜单位，再另外提列出一部分奖金,进行表彰奖励,并分别颁发流动红旗一面。

(2)结果。各分部针对任务计划,对重点、控制性工程特殊对待,结合管段内的资源配置,认真分析生产形势,将任务目标层层落实。各分部完成产值情况和获得收益情况如表 7.2、图 7.2 和表 7.3、图 7.3 所示。

表 7.2　　　　　　　　各工区不同时间段任务完成情况　　　　　　单位:%

时间	第一分部	第二分部	第三分部	第四分部
2011 年 8 ~ 9 月	94.00	101.00	80.00	81.00
2011 年 10 ~ 11 月	91.00	94.00	96.00	102.90
2012 年 5 ~ 6 月	101.20	100.80	102.40	30.50
2012 年 7 ~ 8 月	111.40	109.40	110.50	27.40

资料来源:笔者根据 A 施工单位对其各分部任务完成情况的考核结果整理。

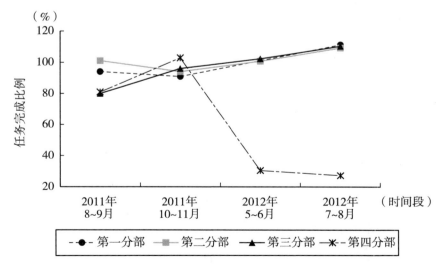

图 7.2　各工区任务完成情况

表7.3　　　　　　　　各分部不同时段获得的激励报酬　　　　单位：万元

时间	第一分部	第二分部	第三分部	第四分部
2011 年 8 ~ 9 月	7.00	12.00	5.00	8.00
2011 年 10 ~ 11 月	9.00	5.00	7.50	13.60
2012 年 5 ~ 6 月	25.00	10.00	32.00	3.00
2012 年 7 ~ 8 月	51.00	34.00	51.00	6.90

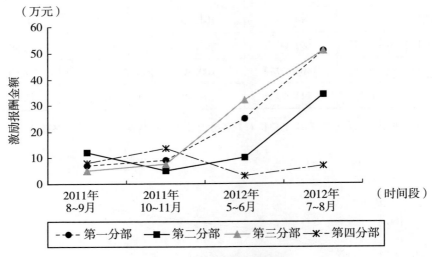

图7.3　各分部受奖励情况

3. 信用评价机制

项目公司为进一步促使各施工单位加强创新投入，认真履行工作职责，不断提高对现场的管控力度，确保工程的施工安全和工程实体质量，依据国家有关规定，结合项目实际，制定了 NG 铁路公司施工单位信用评价实施细则。

（1）考评与奖惩办法。从现场行为、施工质量等方面综合评价各施工单位的信用情况，计算施工单位信用评价得分和排序，按 A、B、C 三等评级。评为 A 级的，自结果公布之日起一段时间内，参加投标时有加分机会。评为 C 级的，则给予一段时间作为整改期。发生质量安全责任事故的施工单位的处理，依据与招投标挂钩办法等有关规定进行，并视情节严重情况，对其资质做降级或取消的处理。

（2）结果。在业主的信用评价综合评比制度下，各施工单位针对标段内工程工期紧、任务重、标准高和地质复杂等特点，在关键工序施工中，根据施工现场实际，积极优化资源配置，灵活调整施工方案，努力创新关键技术，使项目管理质量目标指标更加有序可控，以过程控制确保目标的最终实现。本案例收集了对 A、B 两个施工单位 4 次信用评价评分情况如表 7.4、图 7.4 所示。

表 7.4　　　　　　**各施工单位历次信用评价得分情况**　　　　　　单位：分

施工单位	2011 年下半年	2012 年上半年	2012 年下半年	2013 年上半年
A 施工单位	291.467	298.550	299.167	299.250
B 施工单位	288.633	297.500	297.600	299.625

注：满分 300 分。
资料来源：笔者根据业主对各施工单位信用评价的考评结果整理。

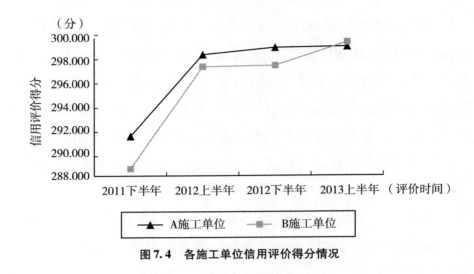

（分）

信用评价得分

图7.4　各施工单位信用评价得分情况

7.4.2　案例分析

（1）理论模型相关结论之一：锦标赛机制对工程承包商的创新努力投入具有促进作用，信用评价机制对工程承包商的创新努力投入具有促进作用。

如表7.1、表7.4和图7.1、图7.4所示，A、B两个施工单位的劳动竞赛考核得分，以及信用评价得分呈逐渐提高的趋势，劳动竞赛A和B施工单位2012年三季度比2011年三季度分别高出了7.56分和7.96分；信用评价A和B施工单位2013年上比2011年下分别高出了7.783分和10.992分。即在劳动竞赛活动和信用评价评比的影响下，A、B施工单位的总体产出绩效水平，以及在工程质量、现场行为方面的情况都有了明显提高。业主通过采取奖金和信誉两方面的奖励和惩罚，提高了团队成员合作努力的收益，不仅提高了施工单位的项目产出分享，还间接地对施工单位未来业务获取有利，同时增强了项目团队的凝聚力，从而有助于提高施工单位的创新努力投入。

（2）理论模型相关结论之二：锦标赛机制对工程承包商的行为有直接的正向激励作用，随着激励约束奖金的增大，工程承包商的创新努力投入增大。

不同于信用评价奖惩制度的相对客观性，劳动竞赛规则主要是根据项目实际，结合一定的信用评价机制，考虑其他影响因素设置的。如表7.2、表7.3和图7.2、图7.3所示，各时段给予了不同的奖励比例，各分部的任务完成情况也相应地有所不同，2011年8～9月到2012年7～8月四次劳动竞赛活动中，奖励比例不断地在调整，并呈现逐渐增大的趋势，相应的任务完成水平也逐渐增高。但具体到各分部，各自的任务完成变化情况又有所不同：从一分部到三分部的情况来看，随着产出分享比例越高，优胜奖励越高，参与主体投入越多，产值完成情况越好，但第四分部的情况却不尽相同，这说明在提供相同激励机制的条件下各分部的任务完成变化情况也是有差异的。这可能因为工程承包商的行为还受随机干扰、技术溢出、亲缘利他偏好等其他因素的影响，而且也可能与不同工程承包商的能力具有差异性有关，能力不同的工程承包商提供相同的创新努力投入将付出不同的成本，这也必将影响各自的行为选择。

（3）理论模型相关结论之三：亲缘利他偏好对工程承包商的行为具有正向影响作用，主要影响内部工程承包商的行为，具有亲缘关系的内部工程承包商的创新努力投入高于外部工程承包商。

根据施工单位是否属于铁路系统内企业，我们将系统内的施工单位视为具有亲缘关系的工程承包商，其既追求自身利益的最大化，也关心委托人的收益，将系统外的企业视为外部企业。在相对收益的影响下，各施工单位的总体产出绩效都在逐渐增加，说明竞赛机制的激励起到了较好的效果。而随着亲缘关系的增加，内部工程承包商的总效用也将增加，因此，不同于外部工程承包商，内部工程承包商还会在亲缘利他偏好的促使下在自己任务上付出更多的创新努力，从而获得比外部工程承包商更好的绩效。但从图 7.1 和图 7.4 可以看出，内部施工单位的总体产出绩效并非一定大于外部施工单位，这同样说明各参与主体的行为还将受到环境不确定性、创新风险或技术溢出等其他因素的影响。而且，两类施工单位总体产出绩效增加的程度也并不相同，这可能与最优锦标激励约束奖金的设置有关。相对于外部施工单位，针对具有亲缘关系的内部施工单位的最优锦标激励约束奖金需要设置得更高，才能激励其更大程度的创新努力投入，但案例中内部和外部的锦标奖励金额差距没有拉升，所以内部参与主体的技术创新投入提高的程度相对较低，增长趋势相较于外部企业更缓慢。

7.5 本章小结

本章对业主同时选择内部工程承包商和外部工程承包商参与项目建设的情况下，两类工程承包商能力相同和不相同时，各参数对工程承包商合作创新行为的影响作用，锦标赛机制和信用评价机制的激励效率问题，以及业主最优锦标激励约束奖金的设计问题进行分析。理论分析和实践检验结果显示：

业主应同时选择两类工程承包商，在吸引外部先进技术和队伍参与为项目提供工程服务的同时，应充分发挥集团内企业的建设能力，将一些主要的工程作业委托给内部工程承包商，并充分利用亲缘关系，通过非制度措施增强内部工程承包商的归属感和亲缘利他偏好，进而提高工程承包商的创新努力投入。

对能力不相同的外部工程承包商和内部工程承包商，充分利用他们之间在当期收益和未来业务上的竞争关系，设置合理的竞赛机制来激励工程承包商的技术创新行为，促进项目质量水平的提高。依据项目实际，在承包合同中纳入信用评价机制，增加信用评价对未来业务获取的影响程度使促进外部工程承包商的创新努力投入具有较好的作用。当信用评价奖惩系数满足 $b < \dfrac{4m\alpha c + 2(1-r)\lambda\theta}{(\alpha-1)(1-r)^2}$ 时，可采用锦标赛机制，并通过扩大锦标激励约束奖金支付，来对工程承包商进行有效激励，促使其提高创新努力投入。当上述条件不满足时则没有必要采用锦标赛机制。

对能力相同的外部工程承包商和内部工程承包商，增大内部工程承包商亲缘利他偏好程度的非制度措施虽然不能起到提高外部工程承包商创新努力投入的作用，但对提高内部工程承包商创新努力投入却仍是合适的选择。此外，为有效促进工程承包商提高创新努力投入，除了要积极开展劳动竞赛活动，积极对承包商进行信用评价检查，并合理地增加激励约束奖金外，还要保证对工程承包商施工质量评价的客观公正性，以及对工程承包商创新技术溢出水平的有效控制。而且为了获得更多的期望收益，业主也有必要采取锦标赛机制，并设置合理的激励约束奖金。业主在设定锦标赛规则时应考虑以下几个因素：技术溢出效应，项目质量对业主收益的重要性，技术评价过程的不确定性，内部工程承包商与业主的亲缘关系，以及信用评价对工程承包商未来业务获取的影响程度。且最优激励约束奖金与信用评价奖惩系数是相对的，因此，业主往往要根据行业内信用评价的相关规定，评价出结合项目实际的工程承包商信用评价对未来相关工程承包业务获取的促进作用，并据此设置最优的锦标赛激励约束奖金。

结论与展望

1. 研究结论

科技的进步和技术复杂性的增加使得跨组织团队合作行为越来越普遍化,项目工程作业也由传统的通过组织内部任务分配来完成,转变为基于亲缘、地缘、产权、技术、契约等联结关系由工程承包商来承担。项目参与主体以实现自身效益最大化为原则的行为选择,使得各自的目标相向而行;项目有效实施所依赖的技术创新这一特殊合作内容,增加了参与主体行为选择的不确定性;不同纽带联结的准市场组织可能有效抑制机会主义行为,也可能加大项目成员合作的不稳定性。而现有的研究较缺乏将合作内容与合作环境对跨组织项目团队合作行为的影响进行深入研究。因此,基于现实发展需求和理论研究趋势,结合我国现实国情,本书系统地分析了项目团队合作准市场组织结构的演变;构建了 H 形组织结构下亲缘企业间,N 形组织结构下存在两类企业的项目跨组织合作创新模型;通过演化模型的构建与分析,仿真模型的构建与分析,实际案例的调研与分析,探讨了工程承包商选择合作创新行为的条件,技术创新风险、技术外溢成本、亲缘利他偏好、非制度惩罚等因素和各类工程承包商群体间竞争关系对合作创新行为的影响，以及业主在不同准市场组织下的有效激励机制。

对亲缘企业间的合作创新行为的研究得出：当创新努力收益、亲缘利他效用之和大于创新努力成本、技术风险成本、技术溢出损失之和时，亲缘工程承包商均会选择合作创新行为。当合作的总效用小于总成本时，亲缘工程承包商是否有必要选择合作创新行为则取决于各工程承包商协同合作收益的增加是否足以补偿上述差额。工程承包商选择合作创新行为的概率与基于合作历史和信任关系的正向激励、亲缘利他偏好、超额收益分配比例成正比，与技术溢出损失、技术创新风险成反比；并且在正向激励和亲缘利他偏好较大时，超额收益分配比例对工程承包商合作创新行为的作用更强，而在技术创新风险较大时，工程承包商对超额收益分配比例却并不敏感。

对考虑业主补贴的亲缘企业间合作创新行为的研究得出：合理的收益分配机制对工程承包商的合作创新行为，对业主的收益增加具有双重促进作用。同样，亲缘关系对工程承包商的合作创新行为，对超额收益分配的激励效果具有促进作用。业主补贴激励有助于促进亲缘工程承包商选择合作创新行为，有助于提高业主收益，技术溢出效应对业主补贴的激励效果具有强化作用。当超额收益分配系数一定的情况下，补贴系数设置为一个较合理的值时，选择激励性合同的亲缘工程承包商数量将维持在一个较高水平，业主也将获得较高收益。并且随着业主补贴系数增大，选择合作创新行为的亲缘工程承包商数量保持在较高水平的超额收益分配系数减小；随着溢出效应系数的增大，选择合作创新行为的亲缘工程承包商数量保持在较高水平的业主补贴系数减小。但业主补贴是可能失效的，只能与其他措施一起，共同促进工程承包商的合作创新。

　　对存在两类工程承包商的项目跨组织合作创新行为的研究得出：当创新努力收益和亲缘利他效用之和足够大，可以弥补合作创新带来的总成本时，与业主具有亲缘关系的工程承包商将逐渐选择合作创新行为；当创新努力收益和沉没成本之和足够大，可以弥补合作创新带来的总成本时，新进入工程承包商将逐渐选择合作创新行为。当合作创新带来的总成本大于创新努力收益和亲缘利他效用之和，合作创新带来的总成本大于创新努力收益和沉没成本之和时，两类工程承包商是否可能选择合作创新行为则取决于协同合作收益之和是否能弥补上述差距。在其他影响因素一定的情况下，亲缘工程承包商选择合作创新行为的概率还与亲缘关系、信任关系、合作次数正相关，新进入工程承包商选择合作创新行为的概率还与惩罚系数正相关。且较密切的亲缘关系、较强的信任关系、较高的合作频次，较完善的竞争市场，较大的非制度集体惩罚力度将强化超额收益分配对工程承包商合作创新行为的影响。

　　对竞争模式下两类工程承包商合作创新行为的研究得出：对于能力不相同的内、外部工程承包商，各自的创新努力水平随内部工程承包商亲缘利他偏好的增大而增大，信用评价机制对工程承包商的合作创新行为具有促进作用。当其他参数一定时，仅当信用评价奖惩系数满足一定条件，锦标赛机制才对工程承包商的技术创新行为具有正向激励作用。对能力相同的内、外部工程承包商，各自的创新努力水平随着随机干扰、技术溢出水平的增大而减小，信用评价机制和锦标激励机制对工程承包商的合作创新行为具有促进作用。亲缘利他偏好对内部工程承包商的创新努力投入具有促进作用，对外部工程承包商的行为并无直接影响，具有亲缘关系的内部工程承包商的创新努力水平相对更高。存在使业主收益最大化的最优锦标激励约束奖金，其与随机干扰系数、质量对业主的重要程度、亲缘利他偏好、信用评价奖惩系数和技术溢出水平的大小相关。

2. 研究的不足之处及未来的研究方向

对两类工程承包商的行为进行研究时，提出业主可采取分类管理，对不同类型的工程承包商采取不同的激励措施，以及设置竞赛机制来激励各类工程承包商。这两种情况都将造成不同类型的工程承包商之间存在收益差异的问题，差异性收益的存在，使得不同类型工程承包商之间收益比较的横向公平问题逐渐凸显，后续可将公平偏好理论应用到不同类型项目参与主体的合作创新行为研究中。

针对工程承包商与业主之间的纵向合作创新行为进行研究，未考虑承包商之间横向的合作创新行为对项目效益的影响，后续可用合作博弈的理论与方法对工程承包商群体之间横向合作创新的利益分配问题进行探讨。

参 考 文 献

［1］ 曹群 . 纵向知识整合的产业集群创新博弈过程 ［J］. 哈尔滨工程大学学报，2009，30 （6）：708 - 712.

［2］ 常雅楠，王松江 . 激励视角下的 PPP 项目利益分配——以亚投行支撑中国企业投资 GMS 国家基础设施项目为例 ［J］. 管理评论，2018，30 （11）：259 - 267.

［3］ 陈帆，谢洪涛 . 基于契约治理的建筑企业间技术合作与创新绩效的研究 ［J］. 工程管理学报，2014，28 （3）：143 - 148.

［4］ 陈红儿，刘斯敖 . 中间性组织理论评析 ［J］. 经济学动态，2003 （7）：80 - 82.

［5］ 陈建华，马士华 . 基于工期协调的项目公司与承包商收益激励模型 ［J］. 中国管理科学，2007，15 （3）：114 - 122.

［6］ 陈勇强，汪智慧，高明 . 项目管理承包模式下激励合同的构建 ［J］. 天津大学学报 （社会科学版），2006，8 （4）：241 - 243.

［7］ 陈哲，陈国宏 . 考虑公平参照点差异的建设项目绿色合作努力行为决策 ［J］. 控制与决策，2018，33 （6）：142 - 151.

［8］ 陈哲，陈国宏 . 建设项目绿色创新努力及利他偏好诱导 ［J］. 中国管理科学，2018，26 （7）：190 - 199.

[9] 戴勇，彭景云. 采用"工程地质一体化"技术服务模式提升工程技术服务供应商整体经济效益 [J]. 天然气工业，2013，33 (11)：125 – 129.

[10] [美] 道格拉斯·C·诺斯. 制度、制度变迁与经济绩效 [M]. 杭行，译. 上海：上海三联书店，1994.

[11] 丁绒. 自组织演化视角下的战略联盟企业间合作机制研究 [D]. 广州：华南理工大学，2013.

[12] 杜欣，邵云飞. 集群核心企业与配套企业的协同创新博弈分析及收益分配调整 [C]. 中国管理科学学术年会，2013.

[13] 方美琪，张树人. 复杂系统建模与仿真 [M]. 北京：中国人民大学出版社，2005.

[14] 费孝通. 乡土中国生育制度 [M]. 北京：北京大学出版社，1998.

[15] 傅家骥. 技术创新学 [M]. 北京：清华大学出版社，2001.

[16] 郭峰，李体存. 铁路建设项目管理中的利益冲突与协调管理研究 [J]. 铁道科学与工程学报，2008，5 (6)：86 – 91.

[17] 韩姣杰，周国华，李延来等. 基于互惠偏好的多主体参与项目团队合作行为 [J]. 系统管理学报，2012，21 (1)：111 – 119.

[18] 韩姣杰，周国华，李延来. 基于利他偏好的项目团队多主体合作行为 [J]. 系统工程理论与实践，2013，33 (11)：2776 – 2786.

[19] 韩姣杰，魏杰. 项目复杂团队合作中利他偏好的生存和演化 [J]. 管理科学学报，2015，18 (11)：35 – 46.

[20] 郝琳娜，侯文华，刘猛. 众包竞赛模式下企业 R&D 创新水平策略博弈分析 [J]. 科研管理，2014，35 (4)：111 – 119.

［21］洪巍，周晶．基于演化博弈的大型工程技术创新过程中业主与供应商的合作机制研究［J］．工业技术经济，2013（5）：106－112.

［22］［日］今井贤一，伊丹敬之，小池和男，等．内部组织的经济学［M］．金洪云，译．上海：生活·读书·新知三联书店，2004.

［23］金雪军，毛捷，袁佳．科学共同体合作行为的演化分析［J］．经济评论，2004（3）：36－44.

［24］蒋军锋，王修来．网络环境下技术创新过程中企业知识基础的演变［J］．管理学报，2008（7）：561－567.

［25］海江涛，仲伟俊，梅姝娥．政府偏袒影响下的固定奖励竞赛模型——基于公共产品技术创新视角［J］．系统工程，2013，31（3）：87－92.

［26］科斯．企业的性质［M］．上海：上海三联书店，1994.

［27］蓝庆新，韩晶．网络组织成员合作的稳定性模型分析［J］．财经问题研究，2006（6）：49－53.

［28］雷涯邻，彭剑琴，王亚禧．西方寻租理论与我国石油"内部市场"［J］．国际石油经济，1998，6（3）：37－40.

［29］李刚，李随成，杨洵．供应商网络粘性、动态能力与产品创新的关系研究［J］．科技管理研究，2014（14）：1－4.

［30］李江涛，许婷．大型工程"产学研"技术创新模式研究［J］．湖南社会科学，2010（2）：111－113.

［31］李迁，游庆仲，盛昭瀚．大型建设工程的技术创新系统研究［J］．科学学与科学技术管理，2006（12）：93－96.

［32］李一啸．基于复杂网络和演化博弈理论的社会［D］．杭

州：浙江大学，2010.

　　[33] 李真. 基于计算实验的工程供应链协调优化研究 [D]. 南京：南京大学，2012.

　　[34] 李真，程书萍，李迁等. 基于收益共享合同的工程质量优化研究 [J]. 运筹与管理，2013，22（1）：164-170.

　　[35] 李真，孟庆峰，盛昭瀚. 考虑公平关切的工期优化收益共享谈判 [J]. 系统工程理论与实践，2013，33（1）：82-91.

　　[36] 林宽海，丁慧平，刘倩等. 中国石油企业一体化工程技术服务模式实施策略选择 [J]. 河北经贸大学学报，2013，34（6）：117-120.

　　[37] 刘鸿渊. 基于治理结构的农村社区性公共产品供给合作行为研究 [J]. 经济体制改革，2012（5）：83-87.

　　[38] 刘荣利. 信任的诱导机制 [J]. 鸡西大学学报，2008，8（3）：52-53.

　　[39] 刘伟，张子健，张婉君. 纵向合作中的共同 R&D 投资机制研究 [J]. 管理工程学报，2009，23（1）：19-22.

　　[40] 刘学，庄乾志. 合作创新的风险分摊与利益分配 [J]. 科研管理，1998（5）：31-35.

　　[41] 卢福财，胡平波. 网络组织成员合作的声誉模型分析 [J]. 中国工业经济，2005（2）：73-79.

　　[42] 陆绍凯，秦廷栋. 工程项目中的供应链管理研究 [J]. 西南交通大学学报（社会科学版），2005，6（1）：88-91.

　　[43] 罗发友，刘友金. 集群内企业创新行为的进化博弈分析 [J]. 中国软科学，2004（5）：85-88.

　　[44] 骆品亮. 主观绩效评价与客观绩效评价的优化组合 [J].

系统工程学报，2001，16（2）：100－106.

[45] 吕俊娜，刘伟，邹庆等．考虑公平关切的工程总承包合作利益分配模型［J］．系统工程，2014，32（12）：62－66.

[46] 潘文安．关系强度、知识整合能力与供应链知识效率转移研究［J］．科研管理，2012，33（1）：147－153.

[47] 彭为，陈建国，伍迪等．政府与社会资本合作项目利益相关者影响力分析——基于美国州立高速公路项目的实证研究［J］．管理评论，2017，29（5）：205－215.

[48] 戚安邦，郑丽霞．建设项目价值最大化和分配合理化模型与方法——基于全体利益相关者视角的分析［J］．工业工程与管理，2015（6）：28－33.

[49] 青木昌彦．经济体制的比较制度分析［M］．北京：中国发展出版社，2005.

[50] 任传俊．复杂适应系统量化仿真与分析关键技术研究［D］．长沙：国防科学技术大学，2011.

[51] 沈远光．"亲缘"公司间几个问题的探讨［J］．经济师，1995（2）：16－17.

[52] 施建刚，林陵娜，唐代中．大型建筑工程总承包企业项目型跨组织的集成创新研究［J］．工程管理学报，2013（2）：104－108.

[53] 施建刚，林陵娜，唐代中．考虑互惠偏好的项目团队成员知识共享激励［J］．同济大学学报（自然科学版），2013，42（10）：1618－1625.

[54] 宋砚秋，戴大双．政府主导型复杂产品系统项目治理概念模型研究［J］．科技管理研究，2009，29（7）：439－442.

［55］孙天琦. 合作竞争型准市场组织的发展与产业组织结构演进［J］. 经济评论，2001（4）：61－63.

［56］孙永福，张国安，王孟钧. 铁路工程项目技术创新动力机制研究［J］. 铁道学报，2012，34（4）：76－81.

［57］田厚平，刘长贤，郭亚军. 代理人间具有竞争关系的薪酬激励机制设计［J］. 管理工程学报，2007（4）：153－156.

［58］王广斌，曹冬平. 建设项目跨组织创新应用合作的动态演化分析［J］. 软科学，2011，25（12）：7－12.

［59］王健. 利他行为的模型构造与数量分析［D］. 厦门：厦门大学，2009.

［60］王孟钧，陆洋. 建设项目主体间冲突型博弈的效益分析及制度设计［J］. 科技进步与对策，2011，28（13）：31－34.

［61］王孟钧，刘慧，Miroslaw J S 等. 建设工程创新关键成功因素识别——基于战略合作视角［J］. 科技进步与对策，2014，31（11）：6－10.

［62］汪应洛，杨耀红. 多合同的激励优化与最优工期确定［J］. 预测，2005，24（2）：60－63.

［63］魏光兴，余乐安，汪寿阳. 基于协同效应的团队合作激励因素研究［J］. 系统工程理论与实践，2007（1）：1－9.

［64］魏江，刘锦，杜静. 自主性技术创新的知识整合过程机理研究［J］. 科研管理，2005（4）：15－21.

［65］温芳芳. 基于社会网络分析的专利合作模式研究［J］. 情报杂志，2013，32（7）：119－123.

［66］吴光东，施建刚，唐代中. 基于公平偏好的项目导向型供应链双向激励［J］. 同济大学学报（自然科学版），2011，39

（9）：1394 – 1400.

[67] 吴光东，施建刚．考虑奖惩结构的项目导向型供应链跨组织多阶段动态激励 [J]. 运筹与管理，2013，22（3）：248 – 255.

[68] 吴光东，刘聪．项目导向型供应链知识流对项目价值增值影响的实证研究 [J]. 技术经济，2017，36（2）：29 – 38.

[69] 谢洪涛，王孟钧．重大工程项目技术创新组织障碍生成机理研究 [J]. 中国科技论坛，2010（6）：25 – 30.

[70] 谢洪涛．面向工程项目的技术创新网络研究 [D]. 长沙：中南大学，2010.

[71] 谢会芹，谭德庆，李军．具有竞争关系的多参与人委托代理问题研究 [J]. 运筹与管理，2011，20（4）：194 – 199.

[72] 谢文澜，汪祚军，王霏等．合作行为的产生机制及影响因素——基于进化心理学视角下的探讨 [J]. 心理科学进展，2013，21（10）：1 – 7.

[73] 杨皎平，张恒俊，侯楠．集群企业间关系强度对合作技术创新的影响——基于企业类型和创新类型的视角 [J]. 运筹与管理，2015（1）：280 – 287.

[74] 闫威，陈长怀．机会公平、倾斜政策与不对称锦标赛：一项实验研究 [J]. 管理工程学报，2012，26（1）：89 – 97.

[75] 闫威，滕龙旺，胡亮．锦标赛契约与固定绩效契约对异质代理人行为的影响：实验的证据 [J]. 华东经济管理，2015，29（9）：56 – 62，96.

[76] 殷辉．基于演化博弈理论的产学研合作形成机制的研究 [D]. 杭州：浙江大学，2014.

[77] 阴环，李晓晨，李柯．关联和亲缘选择的概念、原理及

其研究进展 [J]. 安徽农业科学，2010，38（16）：8290 - 8292.

[78] 易余胤，肖条军，盛昭瀚. 合作研发中机会主义行为的演化博弈分析 [J]. 科研管理，2005，8（4）：80 - 87.

[79] [美] 约翰，纳什. 纳什博弈论论文集 [M]. 张良桥，王晓刚，译. 北京：首都经济贸易大学出版社，2000.

[80] 岳休云，刘心声. 亲缘选择下网络互惠和直接互惠对合作进化的作用 [J]. 西安文理学院学报：自然科学版，2013，17（1）：53 - 61.

[81] 张德华，程书萍，李迁. 大型工程技术创新过程的认知分析 [J]. 生产力研究，2011（8）：105 - 111.

[82] 张喆，贾明，万迪昉. PPP 背景下控制权配置及其对合作效率影响的模型研究 [J]. 管理工程学报，2009，23（3）：23 - 29.

[83] 张镇森，王孟钧，陆洋. 面向铁路工程项目的技术创新模式与运行管理机制研究 [J]. 管理现代化，2013（2）：28 - 30.

[84] 张镇森. 建设工程创新关键影响因素与作用机理研究 [D]. 长沙：中南大学，2014.

[85] 张子健，刘伟. 供应链合作产品开发中的双边道德风险与报酬契约设计 [J]. 科研管理，2008，29（5）：102 - 110.

[86] 赵丽丽，王雪青，陈超. 工程监理公平心理偏好下最优风险分担与激励契约研究 [J]. 电子科技大学学报：社科版，2016，18（2）：73 - 79.

[87] 郑亚莉. 准市场组织与集群经济 [D]. 杭州：浙江大学，2005.

[88] 周贵川，张黎明. 资源型企业间合作技术创新影响因素的博弈分析 [J]. 管理世界，2014（1）：184 - 185.

[89] 朱浩，傅强，黎秀秀. 基于异质性地方政府激励锦标赛模型及政策意义 [J]. 系统工程理论与实践，2015，35（1）：109 - 114.

[90] 朱建波，盛昭瀚，时茜茜. 具有溢出效应的重大工程承包商合作创新机制的演化博弈 [J]. 系统工程，2016（7）：53 - 59.

[91] 邹艳，陈宇科，董景荣. 三级供应链内中游企业纵向合作研发策略 [J]. 管理工程学报，2011，25（1）：216 - 220.

[92] Ale S. B, Brown J. S, Sullivan A. T. Evolution of cooperation: combining kin selection and reciprocal altruism into matrix games with social dilemmas [J]. Plos One, 2013, 8 (5): 1 - 8.

[93] Archetti M, Scheuring I, Hoffman M, et al. Economic game theory for mutualism and cooperation [J]. Ecology Letters, 2011, 14 (12): 1300 - 1312.

[94] Bai Y, Li P. P, Xi Y. The Distinctive effects of dual-level leadership behaviors on employees' trust in leadership: An empirical study from China [J]. Asia Pacific Journal of Management, 2012, 29 (2): 213 - 237.

[95] Banerjee S, Lin P. Vertical research joint ventures [J]. International Journal of Industrial Organization, 2001, 19 (2): 285 - 302.

[96] Banerjee S, Lin P. Downstream R&D, raising rivals costs, and input price contracts [J]. International Journal of Industrial Organization, 2003, 21 (1): 79 - 96.

[97] Barta A, McNamara J. M, Huszár D. B, et al. Cooperation among non-reatives evolves by state-dependent generalized reci-

procity [J]. Proceedings the Royal Society Biology Science, 2011, 278: 843 – 848.

[98] Blayse A. M, Manley K. Key influences on construction innovation [J]. Construction Innovation, 2004, 4 (3): 143 – 154.

[99] Bossink B. A. G. Managing Drivers of Innovation in Construction Networks [J]. Journal of Construction Engineering & Management, 2004, 130 (30): 337 – 345.

[100] Bower D, Ashby G, Gerald K, et al. Incentive mechanisms for project success [J]. Journal of Management in Engineering, 2002, 18 (1): 37 – 43.

[101] Brañas – Garza P, Cobo – Reyes R, Espinosa M P, et al. Altruism and social integration [J]. Games & Economic Behavior, 2010, 69 (2): 249 – 257.

[102] Brandon P, Lu S. Clients driving innovation [M]. Oxford: Blackwell Publishing, 2008.

[103] Braun T, Ferreira A. I, JörgSydow. Citizenship behavior and effectiveness in temporary organizations [J]. International Journal of Project Management, 2013, 31 (6): 862 – 876.

[104] Brown J. S, Vincent T L. Evolution of cooperation with shared costs and benefits [J]. Proceedings of the Royal Society B Biological Sciences, 2011, 275 (1646): 1985 – 1994.

[105] Carpenter J, Bowles S, Gintis H, et al. Strong reciprocity and team production: Theory and evidence [J]. Journal of Economic Behavior & Organization, 2009, 71 (2): 221 – 232.

[106] Chanal V, Caron – Fasan M. L. How to invent a new busi-

ness model based on crowdsourcing: the Crowdspiritcase [C]//Actes de la Conférence International de Management Stratégique, Nice. 2008: 1 –27.

[107] Chen H, Ham S. H, Lim N. Designing multiperson tournament with asymmetric contestants: an experimental study [J]. Management Science, 2011, 57 (5): 864 –883.

[108] Dulaimi M. F, Ling F. Y. Y, Bajracharya A. Organizational motivation and inter-organizational interaction in construction innovation in singapore [J]. Construction Management and Economics, 2003, 21 (3): 307 –318.

[109] Dur R, Sol J. Social interaction, co-worker altruism and incentives [J]. Games and Economic Behavior, 2010, 69 (2): 293 –301.

[110] Eaton B. C, Oxoby R. J. 'Us' and 'Them': the origin of identity, and its economic implications [J]. Canadian Journal of Economics, 2011, 44 (3): 719 –748.

[111] Englmaier F, Wambach A. Optimal incentive contracts under inequity aversion [J]. Games and Economic Behavior, 2010, 69 (2): 312 –328.

[112] Friedman D. Evolutionary game in economics [J]. Econometrica, 1991, 59 (3): 637 –666.

[113] Friedman D. On economic applications of evolutionary game theory [J]. Journal of Evolutionary Economics, 1998, 8 (1): 15 –43.

[114] Garcia R. Uses of agent based modeling in innovation-new product development research [J]. Product innovation management, 2005 (22): 380 –398.

［115］ Gilpatric S. M, Vossler C. A, Liu L R. Using competition to stimulate regulatory compliance: A tournament-based dynamic targeting mechanism ［J］. Journal of Economic Behavior and Organization, 2015, 119: 182 – 196.

［116］ Gulati R. Alliances and networks ［J］. Strategic Management Journal, 1998, 19 (4): 293 – 317.

［117］ Gurdal M, Miller J. B, Rustichini A. Fairness and retaliation: the economics of reciprocity ［J］. Cage Online Working Paper, 2013.

［118］ Hamilton W. D. The genetical evolution of social behavior ［J］. Journal of Theoretical Biology, 1964 (7): 1 – 52.

［119］ Herten H. J, Peeters W. A. R. Incentive contracting as a project management tool ［J］. International Journal of Project Management, 1986, 4 (1): 34 – 39.

［120］ Howard W. E, Bell L. C, McCormick R. E. Economic principles of contractor compensation ［J］. Journal of Management in Engineering, 1997, 13 (5): 81 – 88.

［121］ Itoh H. Moral hazard and other regarding preferences ［J］. The Japanese Economic Review, 2004, 51 (1): 18 – 45.

［122］ Jensen C, Johansson S, Löfström M. Project relationships- a model for analyzing interactional uncertainty ［J］. International Journal of Project Management, 2006, 24 (1): 4 – 12.

［123］ Juan C, Olmos F, Ashkeboussi R. Private-public partnerships as strategic alliances: concession contracts for port Infrastructures ［J］. Transportation Research Record Journal of the Transportation Research Board, 2008, 2062 (2062): 1 – 9.

[124] Kähkönen L. Competition as a pressure in quasi-markets-internal inefficiency of an organization [J]. Public Personnel Management, 2010, 39 (3): 231 –242.

[125] Lai L. C, Riezman R, Wang P. Outsourcing of innovation [J]. Economic Theory, 2009, 38 (3): 485 –515.

[126] Lavie D. Alliance portfolios and firm performance: A study of value creation and appropriation in the US software industry [J]. Strategic management journal, 2007, 28 (12): 1187 –1212.

[127] Lehmann L, Keller L. The evolution of cooperation and altruism-a general framework and a classification of models [J]. European Society for Evolutionary Biology, 2006, 19 (5): 1365 –1376.

[128] Lehmann L, Keller L, West S, et al. Group selection and kin selection: two concepts but one process [J]. Proceedings of the National Academy of Sciences of the United States of America, 2007, 104 (16): 6736 –6739.

[129] Levine D. K. Modeling Altruism and Spitefulness in Experiments [J]. Review of Economic Dynamics, 1998, 1 (3): 593 –622.

[130] Ling F. Y. Y. Managing the implementation of construction innovations [J]. Journal of Construction Management and Economics, 2003, 21 (5): 635 –649.

[131] Ling F. Y. Y, Hartmann A, Kumaraswamy M, et al. Influences on innovation benefits during implementation: client's perspective [J]. Journal of Construction Engineering & Management, 2007, 133 (4): 306 –315.

[132] Ling F. Y. Y, Tran H B T. Ingredients to engender trust in

construction project teams in vietnam ［J］. Construction Innovation： In-formation, Process, Management, 2012, 12 (1)： 43 – 61.

［133］ Loch C. H, Wu Y. Z. Social preferences and supply chain performance： an experimental study ［J］. Management Science, 2008, 54 (11)： 1835 – 1849.

［134］ Lu S. K, Hao G. The influence of owner power in fostering contractor cooperation： Evidence from China ［J］. International Journal of Project Management, 2013, 31 (4)： 522 – 531.

［135］ Masuda N. Ingroup favoritism and intergroup cooperation under indirect reciprocity based on group reputation ［J］. Journal of Theoretical Biology, 2012, 311 (10)： 8 – 18.

［136］ Miozzo M, Dewick P. Innovation and Networks： benefits from inter-firm cooperation in a fragmented industry ［J］. International Journal of Technology Management, 2004, 27 (1)： 68 – 92.

［137］ Parkhe A. Partner nationality and the structure-performance relationship in strategic alliances ［J］. Organization Science, 1993, 4 (2)： 301 – 324.

［138］ Pavlov V, Katok E. Fairness and coordination failures in supply chain contracts ［R］. Working paper, 2009.

［139］ Porter M. Clusters and the new economics of competition ［J］. Harvard Business Review, 1998, 76 (6)： 77 – 90.

［140］ Provan K. G, Milward H. B, Isett K. R. Collaboration and integration of community-based health and human services in a nonprofit managed care system ［J］. Health Care Management Review, 2002, 27 (1)： 21 – 32.

［141］ Rigdon M. Trust and reciprocity in incentive contracting ［J］. Journal of Economic Behavior & Organization, 2009, 70（1 - 2）: 93 - 105.

［142］ Samuelson P. A. Altruism as a problem involving group versus individual selection in economics and biology ［J］. The American Economic Review, 1993, 83（2）: 143 - 148.

［143］ Seaden G, Manseau A. Public policy and construction innovation ［J］. Journal of Building Research & Information, 2001, 29（3）: 182 - 196.

［144］ Sen A. Rationality and social choice ［J］. The American Economic Review, 1995, 85（1）: 1 - 24.

［145］ Skibniewski M. J, Zavadskas E. K. Technology development in construction: a continuum from distant past into the future ［J］. Journal of Civil Engineering & Management, 2013, 19（1）: 136 - 147.

［146］ Silipo D. B. Incentives and forms of cooperation in research and development ［J］. Research in Economics, 2008, 62（2）: 101 - 119.

［147］ Smith J. M. Evolution and the theory of games ［M］. New York: Springer US, 1993.

［148］ Rehm S. V, Goel L. The emergence of boundary clusters in inter-organizational innovation ［J］. Information & Organization, 2015, 25（1）: 27 - 51.

［149］ Taylor J. E, Levitt R, Villarroel J A. Simulating learning dynamics in project networks ［J］. Journal of Construction Engineering & Management, 2009, 135（10）: 1009 - 1015.

［150］ Terwiesch C, Xu Y. Innovation contests, open innovation, and multi-agent problem solving [J]. Management Sci, 2008, 54 (9): 1529 – 1543.

[151] Urda J, Loch C H. Social preferences and emotions as regulators of behavior in processes [J]. Journal of Operations Management, 2013, 31 (1 – 2): 6 – 23.

[152] Van V. M. Group selection, kin selection, altruism and cooperation: when inclusive fitness is right and when it can be wrong [J]. Journal of Theoretical Biology, 2009, 259 (3): 589 – 600.

[153] Wang Y. L, Liu J. C. Evaluation of the excess revenue sharing ratio in PPP projects using principal – Agent models [J]. International Journal of Project Management, 2015, 33 (6): 1317 – 1324.

[154] Williamson O. E. Transaction-cost economics: the governance of contractual relations [J]. The Journal of Law and Economics, 1979, 22 (2): 233 – 61.

[155] Wong P. S. P, Cheung S O, Ho P K M. Contractor as trust initiator in construction partnering – Prisoner's dilemma perspective [J]. Journal of Construction Engineering & Management, 2005, 131 (10): 1045 – 1053.

[156] Wu G. D. Project-based supply chain cooperative incentive based on reciprocity preference [J]. International Journal of Simulation Modelling, 2014, 13 (1): 102 – 115.

[157] Yang R. J, Wang Y, Jin X. H. Stakeholders' attributes, behaviors, and decision-making strategies in construction projects: importance and correlations in practice [J]. Project Management Journal, 2014, 45 (3): 74 – 90.

后　记

　　本书是在我博士论文基础上修改完成的，博士求学路的选择、博士求学路的走过，博士论文的最终成文，都得益于很多人的指导、陪伴、支持和鼓励。硕士毕业后选择继续在校充实人生，并坚持完成学习研究工作，离不开我的硕士研究生导师刘鸿渊教授的支持。刘老师不仅在我读硕期间给予我悉心的指导，在我选择人生道路时引导我开启新的人生舞台，而且在我读博期间从生活、学习和工作方面给予我无私的帮助、鼓励和指导。

　　如愿步入西南交通大学继续学习，离不开我的博士研究生导师周国华教授的知遇之恩。论文从选题的确定到情境的描述、从内容的布局到方法的选用，从观点的敲定到字句的斟酌，直至最终成稿，无不凝聚着周老师和我共同的心血。凭借周老师开阔的视野、敏锐的洞察力和开创性的思维，找到了论文研究的方向和问题。参与教育部人文社科课题"多方参与的大型复杂项目团队成员合作行为和工作激励研究"和国家社科基金重点课题"国家复杂产品生产能力比较研究"等相关课题的研究，奠定了论文写作的技术基础。通过一次又一次的讨论，不断重复认真分析问题、积极反馈意见、仔细检查结果的过程，突破了研究的难题，提升了论文研究的价值。

本书也是部分前期研究成果的一个小结。博士求学期间我也很庆幸能够遇到许多令我敬仰的老师，聆听他们的教诲。我的副导师谭德庆教授和陆绍凯副教授也给研究工作给予帮助指导和有益建议。

博士毕业后重回西南石油大学，我的教师职业生涯由此开启，此时对未来的生活模式似乎有了一个预期，我开始思考如何实现预期的生活模式。一个学年过去，我尝试着去回答，无论什么事情，真心地投入、用心地做好。科研将仍是我生活的一部分，我开始规划未来的研究。加强国家创新体系建设，深入实施创新驱动发展战略是实现高质量发展的战略支撑和根本要求。知识、资源的离散分布，开放式创新时代的到来，使得跨组织合作创新成为一种有效的组织方式，甚至区域、乃至国际合作创新也成为一种必然的发展趋势。顺应国家对技术创新的要求，进行全面创新能力提升客观上仍然要求对跨组织情境中的技术创新合作行为进行研究。因此，跨组织合作创新一直都是研究的重点问题之一，有必要升华前期的研究，不仅仅聚焦从组织间的二元关系形式出发的研究，还应将跨组织合作创新问题置于整体网络框架下进行研究，以期形成跨组织合作创新理论研究的新视角。不仅仅停留在组织层面，加强跨组织合作创新的管理应成为国家、行业和企业层面技术创新实践的一部分，还应通过对具体行业的研究在一定程度上解释促进跨组织合作创新的动因和机理，通过基于行业个性特征的比较研究进一步深化人们对跨组织合作创新演化规律的认识，以期更加有利于国家层面的技术创新发展战略的贯彻实施。

彭新艳

2019 年 3 月 10 日